Einfach mal in fremden Betten hüpfen

Mit preisgekrönten Kurzgeschichten, die nicht am eigenen Tellerrand enden

Doro Koch

FSC
www.fsc.org
MIX
Papier aus verantwortungsvollen Quellen
Paper from responsible sources
FSC® C105338

Bibliographische Information der Deutschen Nationalbibliothek: Die Deutsche Nationalbibliothek verzeichnet diese Publikation in der Deutschen Nationalbibliografie, detaillierte bibliografische Daten sind im Internet über dnb.dnb.de abrufbar.

TWENTYSIX – der Self-Publishing-Verlag
Eine Kooperation zwischen der Verlagsgruppe Random House
und BoD – Books on Demand, Norderstedt

Herstellung und Verlag:
BoD – Books on Demand, Norderstedt

Covergestaltung: Marius Koch

ISBN:978-3-740-75337-5

Die Geschichten sind frei erfunden. Ähnlichkeiten mit real existierenden Personen oder Gegebenheiten sind rein zufällig und nicht beabsichtigt.

Für die Menschen,
die mir Zeit schenken,
selbst wenn sie in Eile sind.

INHALTSVERZEICHNIS

»Lauf Melly«

Als es klingelt, schlurft die Schlampe, die ich früher, ganz, ganz früher einmal Mama genannt hatte, durch den versifften Flur. Wie immer hängt in ihrem Mundwinkel eine qualmende Kippe. Sie bindet sich den speckigen Morgenmantel zu, streicht eine fettige Haarsträhne aus ihrem Gesicht und nimmt das Paket des Postboten in Empfang.

Kaum hat sie die Tür geschlossen, reiße ich ihr das Paket aus den Händen.

»Iss meins«, zische ich sie an, wobei ich dem Kinderwagen, der meinen Weg versperrt, einen gezielten Tritt verpasse. Er prallt gegen die Wand, Verputz bröckelt auf das kaputte Verdeck. Direkt unter dem neuen Graffiti bleibt er stehen.

»Fotze« hat der Sprüher von oben mit blutroter Farbe an die Wand gesprüht.

Schon auf dem Weg durch den Flur kämpfe ich mit der Verpackung. Ich reiße, ich zerre, ich ziehe an der Pappe. Sehnsüchtig und ungeduldig hatte ich das Paket erwartet.

Im Wohnzimmer lasse ich den leeren Karton achtlos auf den Glastisch fallen. Leere Bierflaschen kippen um und kullern über die Brandlöcher im Teppich. Eine der

Flaschen wird von der Katzenkotze gestoppt. Ich kümmere mich nicht darum, denn ich sehe nur sie. Sie sind da. Endlich. Ich halte sie in meinen Händen und drehe sie behutsam, um sie von allen Seiten zu betrachten. Schwarz, matt glänzend, nigelnagelneu sind sie. Meine ersten Springerstiefel.

»Was is´n das? Wie hast du das bezahlt?«, lallt die Schlampe und baut sich mit verschränkten Armen vor mir auf. Schweigend lasse ich mich in die durchgesessene Kuhle des Sofas fallen und ziehe meine neuen Stiefel an. Die passen wirklich perfekt. Schmiegen sich an mich wie eine zweite Haut. Eine dicke, stabile, undurchdringliche Haut.

Während die Schlampe die Kippe im überfüllten Aschenbecher ausdrückt und sich gleich darauf eine neue anzündet, überschüttet sie mich wie üblich mit Vorwürfen. Ich kann es nicht mehr hören.

Blablabla.

Sie behauptet, dass ich nur Ärger machen würde. Wieder mal meckert sie darüber, dass ich seit Monaten die Schule schwänze. Außerdem mault sie lautstark, es sei kein Geld mehr im Haus, seit der Alte abgehauen ist.

Blablabla.

Irgendwann schubse ich sie genervt zur Seite und stürme aus der Wohnung. Ich renne die Stufen hinunter, stoße die Hintertür auf und sause durch den Hof. Dort hat sich wieder einmal die halbe Türkenfamilie vom Haus gegenüber unter ihrem selbstgebauten

Unterstand versammelt. Opa, Vater, Onkel, Bruder, auf schäbigen Sesseln, vereint um einen rostigen Grill, der darauf wartet befeuert zu werden. Der Obermacker des Gesindels, der mit den grauen Haaren, hebt die gläserne Teetasse und nickt mir grüßend zu. Ich verdrehe die Augen. Der gibt wohl nie auf. Glaubt der ernsthaft, von mir bekommt der mehr als den Mittelfinger? Mit einem verächtlichen Schnauben springe ich auf den Stromkasten und dann ab über die Mauer.

Im Kiosk kaufe ich mir eine Flasche Bier. Die Hälfte des Gesöffs schütte ich in den Gully, einen großen Schluck nehme ich für den richtigen Atem. Ich mag das Zeug nicht besonders, doch schließlich muss das Image gepflegt werden. Perfekt ausgerüstet mache ich mich auf den Weg zur Bushaltestelle, denn dort bin ich mit Robert und Kevin verabredet.

»Alter, du kommst spät«, ruft mir der Robert schon von weitem vorwurfsvoll entgegen. Ich hebe die Flasche zum Gruß, als Antwort führen die Jungs ihre Flaschen zum Mund.

»Guck mal.« Erwartungsvoll dreht sich der Robert im Kreis. Ich lasse mich auf einen der orangenen Plastikstühle fallen und strecke die Beine weit von mir. Dabei mustere ich ihn von unten bis oben. Springerstiefel, schwarze Hose, Bomberjacke. Alles wie gehabt. Doch dann sehe ich es. Auf seinem Hinterkopf prangt eine Zahl in den kurzgeschorenen braunen Haaren. Die

Achtundachtzig. Anerkennend pfeife ich durch die Zähne und frage betont lässig: »Was steht heute an?« Obwohl ich es mir natürlich denken kann, denn schließlich warten wir nicht grundlos an der Haltestelle.

»Kein Bier mehr.« Robert grinst breit, während er die leere Flasche in seinen Händen dreht. Kevin nickt zustimmend.

Kohle. Wieder einmal brauchen wir dringend Kohle. Und wo kriegt man die? In der Bank. Oder im Bus, bei den Kleinen. Die aus der Ganztagsschule. Die haben die Taschen voller Milchgeld. Das können die gar nicht alles ausgeben.

»Wann kommt endlich der verkackte Bus?« Robert rülpst und schleudert seine Bierflasche gegen einen hellen Mercedes, der auf dem Parkplatz neben der Haltestelle abgestellt wurde. Eine tiefe Delle bleibt im Blech zurück.

»Bonzenarsch«, kommentiert er achselzuckend.

Ohne zu zögern wirft Kevin nun ebenfalls seine Flasche auf eins der geparkten Autos. Er trifft einen blauen Fiat und ruft mit ausgestrecktem Mittelfinger und hochrotem Kopf: »Bonzenarsch.«

Robert zwinkert mir belustigt zu, denn der Kevin hat seine Intelligenz mit einer Gabel gefressen. Das meiste ist durch die Zinken gerutscht. Er findet alles toll und in Ordnung, was dem Robert gefällt. Und da der Robert mich mag, findet der Kevin mich auch nett. So einfach ist das.

»Alter, der Bus«, ruft Kevin nun überrascht, als das Ding schon direkt vor unseren Nasen hält und wirklich nicht mehr zu übersehen ist. Zischend öffnen sich die Türen und wir stapfen, uns gegenseitig schubsend und albern johlend, die Stufen hinauf.

Unser Opfer erkenne ich schon auf den ersten Blick. Und Roberts zufriedenes Schnaufen bestätigt meine Vermutung. Ziemlich weit hinten sitzt der Jonas. Natürlich allein, auf einem Doppelsitz. Wer will schon neben dem Streber sitzen? Seine Augen hinter der Nickelbrille werden groß, als er uns erblickt. Nervös streicht er mit seinen Fingern über den blonden Seitenscheitel. Jonas ist in der fünften Klasse. Stinkreiches Elternhaus, daher hat er immer Kohle in der Tasche. Und anstatt sich zu wehren, fängt er sofort an zu heulen. Lautlos. Ein perfektes Opfer.

Grölend und pöbelnd stürmen wir durch den Bus. Im Vorbeilaufen tritt Robert dem Jonas den Tornister vom Schoß. »Ups«, lacht er.

Kevin, der ihm Rückendeckung gibt, schreit den Kleinen sofort an: »Biste panne, Alter? Warum schmeißt du mir das Ding vor die Füße?«

Währenddessen checke ich die Lage im Bus. Die meisten der Fahrgäste starren angestrengt aus dem Fenster. Vorne, der Mann mit dem Hut könnte gefährlich werden, ebenso die Frau im Hosenanzug. Der Türke in der letzten Reihe lehnt mit dem Kopf am Fenster, die Augen hält er geschlossen. Eine Mutter holt ein Baby aus dem Kinderwagen und presst es fest an sich. Der Opa mit der Brille beobachtet uns misstrauisch. Ich starre ihn so lange drohend an, bis er den Blick senkt.

»Jetzt guck mal, was du gemacht hast«, rüffelt der Robert den Jonas mit einem strengen Gesichtsausdruck.

»Du hast meinem Kumpel die Stiefel kaputt gemacht.« Er zeigt auf die schäbigen und zerkratzten Schuhe von Kevin. Schon bilden sich Tränen in den Augenwinkeln des Kleinen.

»Das musst du jetzt aber bezahlen«, erklärt der Robert, wobei er dem Jonas das Buch aus der Hand reißt und es quer durch den Bus schleudert. Dann beugt er sich über den Sitz und berührt nun fast mit seiner Nase die verrotzte des heulenden Jungen. »Rück mal die Kohle raus«, zischt er.

Derweil patrouilliert Kevin im Mittelgang. Er brüllt die Leute wahllos an und schüchtert sie ein. Darin ist er unschlagbar. Keiner gibt Widerworte, keiner beschwert sich.

Also kann ich mich ebenfalls um die Heulsuse kümmern. Ich stelle mich in Fahrtrichtung, öffne den Tornister des Kleinen und greife wahllos ein Heft heraus, das ich Robert reiche. »Deutscharbeiten« steht in ordentlichen Buchstaben auf dem Umschlag.

»Uhhh, ist sicher wichtig. Brauchst du bestimmt noch?« Verständnisvoll sieht Robert den Kleinen an. Als Jonas verunsichert nickt, zerreißt Robert das Heft in viele Einzelteile. »Alter, das tut mir jetzt aber leid. Ist kaputt gegangen.«

Da ich kichere, zwinkert Robert mir verschwörerisch zu. Er legt den Arm um meine Schultern und drückt mich lachend an sich. Augenblicklich versteift sich mein Körper. DAS kann ich überhaupt nicht leiden. Grob befreie ich mich aus seiner Umarmung und stoße ihn von mir weg.

»Lass das«, lege ich wütend los. Aber bevor ich so richtig ausflippen kann, ertönt eine dunkle Stimme:

»Hallo Melly.«

Erschrocken zucke ich zusammen und lasse den Tornister fallen. Langsam drehe ich mich um. Der Türke, der vorhin noch in der letzten Reihe gedöst hatte, steht direkt hinter mir. Seine dunklen Augen mustern mich so intensiv, dass mir der Atem stockt.

Robert presst die Lippen fest zusammen. Fragend starrt er mich an, denn oft genug hat er erlebt, dass ich rasend werde, wenn er mich Melly nennt. Schließlich habe ich mir nicht umsonst die blonden Zöpfe abgeschnitten und meine Haare blau gefärbt. Nicht jeder darf mich Melly nennen. Robert schon mal gar nicht. Nun wartet er auf eine Äußerung, eine Erklärung von mir. Aber ich habe keine. Stattdessen räuspere ich mich mehrmals.

»Murat«, stelle ich schließlich sachlich fest, während meine Gedanken rasen. Was macht der Türke denn für Sachen? Wieso ist der aufgestanden? Ist der wahnsinnig geworden? Warum mischt der sich ein?

»Sag mal, kennst du den?« Tiefe Furchen haben sich auf Roberts Stirn gebildet. Er sieht mich misstrauisch an.

»Nee, nicht wirklich«, antworte ich betont lässig und bemerke erstaunt den Schatten, der bei meinen Worten über Murats Gesicht huscht.

Bedächtig hebt er den Tornister auf und wendet sich mit fester Stimme an Robert: »Lass den Jungen in Ruhe.«

Robert starrt ihn mit offenem Mund an. Dann verändern sich seine Gesichtszüge. Das Erstaunen steigert sich, wird zu Fassungslosigkeit, die sich schnell in Wut verwandelt. »Kanacke!«, speit er aus. »Was mischst du dich ein? Verpiss dich!«

Aber da kennt er den Murat schlecht. Der Türke denkt gar nicht daran, das Weite zu suchen. Stattdessen schiebt er sich zwischen Robert und den heulenden Jonas. »Lass den Jungen in Frieden«, wiederholt er ohne Unsicherheit in der Stimme.

Ich kann nicht anders. Ich muss den Mut des Türken bewundern. Ganz allein steht er da und beschützt die

Heulsuse. Mein Blick wandert über die Leute im Bus. Keiner macht Anstalten, dem Türken zur Hilfe zu eilen. Alle erwecken krampfhaft den Eindruck, als hätten sie etwas sehr Wichtiges zu tun, so als würden sie den Streit nicht bemerken.

Drohend geht Robert einen Schritt auf ihn zu, doch ehe er sich versieht, hat Murat ihn am Kragen gepackt und zieht ihn nah zu sich heran. »Du wirst jetzt aussteigen, sonst garantiere ich für gar nix.«

Mit einem Wutschrei verlässt Kevin den Patrouille Posten und stürzt sich auf die beiden. Dabei wedeln seine Fäuste durch die Luft. Während Murat versucht, sich gegen den Angriff zu verteidigen, nutzt Robert die Gelegenheit, um nun ebenfalls auf den Türken einzuschlagen. Ein Fausthieb trifft Murats Nase. Stöhnend umschließt er sie mit den Händen. Tränen schießen ihm in die Augen. Er krümmt sich nach vorn. Robert verpasst ihm einen kräftigen Fußtritt, sodass der Türke auf allen Vieren landet. Ein heftiger Seitenhieb von Kevin bringt ihn vollständig zu Fall. Murats Nase blutet. Unwirsch wischt er das Blut mit den Händen fort und verschmiert es im ganzen Gesicht.

Am Rande kriege ich mit, dass der Busfahrer unsere Unaufmerksamkeit ausnutzt, um die Polizei zu informieren.

Egal, darum kann ich mich jetzt nicht kümmern. Mit weit aufgerissenen Augen starre ich den Murat an und bin nicht in der Lage, mich zu bewegen.

Gedankenfetzen wirbeln durch meinen Kopf. Auf einmal lassen sie sich nicht mehr verleugnen.

Wie oft hatte ich den Türken schon blutend im Dreck liegen sehen? Und wie oft hatte er mich damit vor dem Schlimmsten bewahrt?

Die Erinnerungen, die ich zu verdrängen pflege, zwängen sich durch einen kleinen Riss in mein Bewusstsein. Erst tröpfeln sie nur, dann sprudeln sie heraus, sodass mir das Atmen schwer fällt.

Ich war dreizehn, als der Alte das erste Mal zu mir ins Bett stieg. Erst war ich total von den Socken und wusste nicht, was los war. Aber dann gelang es mir, ihn abzuschütteln. Im Nachthemd stürmte ich die Stufen hinunter und zur Hintertür hinaus. Der Alte keuchte wütend hinter mir her. Im Hof hatte er mich beinahe erwischt, aber plötzlich tauchte der Türkenjunge von gegenüber wie aus dem Nichts auf und stellte sich ihm mutig in den Weg. Murat war damals vierzehn und viel kleiner als er. Daher schlug der Alte ihn problemlos nieder. Mit blutender Nase lag der Türkenjunge vor ihm. Doch anstatt sich zu fürchten, rief er kraftvoll:

»Lauf Melly!«

Und ich kletterte auf den Stromkasten, sprang über die Mauer und weg war ich.

Schnell lernte ich die Blicke, die Gesten des Alten zu deuten. Ich lernte herauszufinden, wann es wieder so weit war und ich lernte zu fliehen.

Drei Jahre lang stellte Murat sich ihm entgegen.

Drei Jahre lang rief er:

»Lauf Melly!«

Drei Jahre lang sprang ich über die Mauer und verschwand in der Nacht.

Während Murat heranwuchs und immer kräftiger wurde, wurde der Alte dicker und kurzatmiger. Mit siebzehn überragte der Türkenjunge ihn bereits um einen halben Kopf und eines Abends schlug er zurück. Der Alte kippte nach hinten wie ein gefällter Baum. Murat drohte ihm mit dem Tod, sollte er noch einmal versuchen, mich anzufassen. Kurz darauf zog der Alte aus der Wohnung aus. Auf keinen Fall wollte er länger in der Nähe des Türkengesindels leben und die Schlampe ging ihm sowieso schon seit geraumer Zeit auf die Nerven. Mir war´s nur Recht, denn nun hatte ich Ruhe vor seinen Übergriffen.

Und jetzt liegt der Türke wieder im Dreck, und mir wird bewusst, dass ich mich nie für seine nächtlichen Einsätze bedankt hatte. Warum eigentlich nicht? Ich weiß selbst, dass es blöde ist. Aber mein Mund formt die Worte von ganz allein.

»Danke«, murmele ich. Keine Ahnung, ob Murat ahnt, wofür ich ihm danken will, doch trotz seines blutverschmierten Gesichts strahlen seine dunklen Augen mich an, und er näselt: »Schon in Ordnung, Melly.«

Ich bemerke, dass unsere Vertrautheit Robert an den Rand des Wahnsinns treibt. Während Murat sich mehr schlecht als recht erhebt und dann schwankend im Gang steht, schnauft Robert wie ein angriffslustiger Stier.

Und plötzlich hat Kevin dieses Messer in der Hand.

»Ich mach dich alle, du Kanacke.«

»Mach den fertig«, feuert Robert seinen Freund an.

Ohne seinen Angreifer aus den Augen zu lassen, weicht Murat vor der Klinge zurück, bis er die letzte Bank erreicht hat und ihm keine Fluchtmöglichkeit mehr bleibt.

»Los, stich zu! Einer von denen weniger, macht doch nichts.« Von Roberts anstachelnden Rufen begleitet, nähert sich Kevin mit der blitzenden Klinge. Jeden Moment kann er zustechen. Er braucht nur den Arm auszustrecken. Und dann ist der Türke verletzt. Vielleicht sogar tödlich. Dann gibt es keinen Murat mehr.

Ich habe überhaupt keine Ahnung, warum mich der Gedanke so in Aufruhr versetzt. Ebenso wenig weiß ich, warum mir Tränen vor Angst um Murat die Wangen hinunterlaufen. Aber eins weiß ich ganz sicher: Ich werde nicht tatenlos dabei zusehen, wie der Türkenjunge verprügelt wird. Ich werde nicht zulassen, dass dem Türkenjungen etwas Furchtbares passiert.

Entschlossen stoße ich Kevin zur Seite und stelle mich schützend vor Murat. Mit weit aufgerissenen Augen schauen meine Freunde mich an. Sie denken wahrscheinlich, ich sei nun völlig übergeschnappt. Das kann ich ihnen nicht mal verübeln, denn ich weiß selbst nicht, was plötzlich in mich gefahren ist.

»Bist du ´ne Kanackenbraut, oder was?« Robert spuckt abfällig auf meine neuen Springerstiefel.

»Alter, was is´n jetzt los?« Kevin ist sichtlich verwirrt.

Ich schüttele schweigend den Kopf. Ich bin keine Kanackenbraut. Aber wie soll ich den beiden das erklären? Sie würden das nie verstehen. Ich verstehe es doch selbst nicht. Sie können auch die ängstliche Stimme in meinem Kopf nicht hören, die in höchsten Tönen kreischt: »Der Murat darf nicht verletzt werden. Dem Türken darf nichts geschehen. Was soll ich ohne ihn machen?«

Der Murat ist zwar ein Türke, aber er ist nicht wie die anderen. Der ist doch kein Kanacke.

Der Murat ist …

Der Murat ist …

Der Murat ist …

eben der Murat.

Seit über einem Jahr gehe ich nachmittags in den Hof. Dafür gibt es eigentlich keinen besonderen Grund. Ich mache das einfach nur so. Egal, ob es regnet, stürmt, schneit oder die Sonne scheint. Ich setzte mich auf den Stromkasten und sehe Murat dabei zu, wie er die Fahrräder, Roller oder Spielsachen seiner vielen Geschwister repariert. Es dauert meist nicht lange, dann schlendert er herbei und setzt sich neben mich.

»Du musst mehr essen. Außerdem brauchst du Vitamine, Melly.« Mit diesen Worten reicht er mir eine Banane, einen Apfel oder eine Birne. Manchmal auch ein Stück frisch gebackenes Fladenbrot mit Schafskäsefüllung.

Ich gebe es zu: Ich trödele beim Essen. Ich schaffe es, mich eine halbe Stunde mit einer Banane zu beschäftigen, ehe sie in meinem Magen verschwunden ist. Während ich esse, berichte ich dem Murat kauend von meinem Tag. Ich erzähle ihm von der Schlampe, dass ihr Verhalten immer schlimmer wird und ich mir schreckliche Sorgen mache. Ich beichte ihm, dass ich nur noch von Frühstücksflocken und Tütensuppe lebe, da die Stütze vorn und hinten nicht reicht. Ich zeige ihm die Anmeldung vom Berufskolleg, an der ich mein Abi nachholen will. Ich gestehe ihm, dass ich Angst habe, weil ich nicht weiß, wie meine Zukunft aussehen wird und dass ich mich oft sehr allein fühle. Und ich vertraue ihm sogar an, dass ich so gerne irgendwann … bald … eines Tages … die Schlampe wieder Mama nennen möchte.

Murat hört mir geduldig und aufmerksam zu. Er wartet immer, bis ich aufgegessen habe. Erst dann springt er vom Stromkasten und verschwindet im Haus.

Nun starre ich Robert und Kevin herausfordernd an, balle die Hände zu Fäusten und presse die Lippen fest aufeinander. Niemand wird mir meinen Murat wegnehmen. Keiner wird ihm auch nur ein Haar krümmen.

»Alter, du hast uns die ganze Zeit verarscht.« Roberts Gesicht ist blass, aber seine Augen versprühen wütende Blitze in meine Richtung. Er ist stocksauer. Mehr als das. Er ist kurz vorm Platzen. Aber ich hebe mutig die Fäuste. Ich bin fest entschlossen. Ich bin zum Kampf bereit.

Kevin schaut mich immer noch mit offenem Mund an, sodass ich sein Zungenpiercing sehen kann.

»Eh«, stammelt er schließlich, »eh, was is´ n jetzt«

Robert nimmt ihm schweigend das Messer aus der Hand. Aus zusammengekniffenen Augen fixiert er mich. Keine Bewegung, keine Regung von mir entgeht ihm. Sein Blick und seine Haltung verraten es mir. Wir sind keine Freunde mehr. Ich habe die Seiten gewechselt, ich bin jetzt der Feind. Drohend macht er einen Schritt auf mich zu.

»Alter. Eh, Alter. Jetzt weiß ich gar nix mehr«, ruft der Kevin verwirrt.

»Schnauze«, zischt Robert und Kevins Mund klappt zu. Er hebt die Hand mit der Klinge. Hass, Wut und Enttäuschung spiegeln sich in seinem Blick wider.

Aber ich weiche keinen Schritt zurück. Wie ein Fels in der Brandung stehe ich vor meinem türkischen Freund, um ihn zu beschützen.

Plötzlich hält Robert inne und lauscht mit gesenktem Kopf auf die Geräusche von draußen. Langsam öffnen sich seine Finger, die den Messergriff umschließen, und die Klinge fällt klirrend zu Boden. Auch ich höre die Sirenen, die sich rasch nähern.

Als die Polizisten den Bus betreten, erwachen die Fahrgäste auf ihren Sitzen aus ihrer Starre. Auf einmal sind sie mutig. Jeder hat etwas zu sagen, und jeder hat etwas Wichtiges gesehen. Sie umringen die beiden Polizisten und rufen aufgeregt durcheinander.

»Die Drei in den Bomberjacken.«

»Zwei Jungen und ein Mädchen.«

»Ganz gefährliche Typen.«

Ich stöhne leise. Ich kann ihn beinahe sehen, den Ärger, der sich im Laufschritt nähert. Und ich kann ihn überhaupt nicht brauchen. Habe schon so genug zu tun, mit meinem Leben, in dem ich einiges in Ordnung bringen will.

Da bemerke ich Murats Hand, die vorsichtig nach meiner tastet und sie zaghaft umschließt. Ich spüre seine Lippen an meinem Ohr und höre seine dunkle, eindringliche Stimme:

»Lauf Melly!«

Mit einem gezielten Tritt öffnet er die hintere Tür. Wir springen hinaus und rennen los.

Robert tritt wütend mit den Stiefeln gegen eine der Bänke im Bus. Sein Gebrüll verfolgt mich: »Ich mach dich alle. Du Opfer. Ich krieg dich, das schwör´ ich.«

Aus den Augenwinkeln nehme ich wahr, dass einer der Polizisten ihm die Hand auf die Schulter legt. Dann verstummt sein Geschrei.

Mir machen seine Drohungen keine Angst, denn ich habe Murat. Wir rennen über den Parkplatz, hinein in das kleine Wäldchen. Was geben wir wohl für ein Bild ab. Wir sind auf der Flucht. Kichern albern und laufen Hand in Hand. Der Türke mit dem blutverschmiertem Gesicht und das Mädchen mit den Springerstiefeln.

Verdammt zum Schweigen

Schwarze Lackstiefel mit hohem Absatz, braune Schnürschuhe, weiße Boots, rote Stiefeletten. Einige glänzen in satten Farben. Die Meisten zeigen deutliche Gebrauchsspuren. Er kennt sie alle. Manche schlendern bedächtig. Andere sind in Eile. Die Wenigsten bleiben stehen.

»Abschaum.« Dunkle, glänzende Schnürer von Boss lugen unter einer Anzughose hervor und verharren neben seinen aufgetürmten Plastiktüten.

Er schweigt, denn es rechnet sowieso keiner mit einer Reaktion. Von ihm wird erwartet, dass er stumm auf seiner Pappe sitzt und Tag für Tag die gleichen Anschuldigungen und Beleidigungen über sich ergehen lässt. Keiner will eine Erklärung oder gar eine Rechtfertigung von ihm hören.

»Bemüh´ dich um Arbeit!«

Er presst die Lippen fest zusammen, denn die Markenschuhe wissen nichts. Er hatte sich lange Zeit um Arbeit bemüht, aber jedes Mal verhinderten seine Alkoholfahne und seine Wohnungslosigkeit eine Anstellung. Er hatte einfach keine Chance auf dem Arbeitsmarkt. Einen Hoffnungsschimmer bot die Maßnahme, die ihm das Arbeitsamt vermittelt hatte. Für einen Euro sollte er die Gräber auf dem städtischen Friedhof säubern. Jeden Tag erschien er pünktlich zur Arbeit, machte unzählige Überstunden. Selbst dann noch, als er vor dem Grabstein seiner Mutter stand und hörte, wie sie weinte und jammerte unter der Erde. Deutlich vernahm er ihre Stimme, die sich einen Weg durch die Torfklumpen bahnte.

»Junge, sieh dich doch mal an. Was ist nur aus dir geworden? Du warst doch einmal so erfolgreich.«

Trotz allem hatte er sich nicht entmutigen lassen, sondern hart gearbeitet. Sogar die Pausen und den Alkohol hatte er weggelassen. Schon bald wurde er euphorisch, da er glaubte, den Wiedereinstieg in die Welt der Markenschuhe zu schaffen. Aber als die Maßnahme auslief, stellte die Friedhofsgärtnerei den nächsten »Ein-Euro-Jobber« ein, denn das rentierte sich für die Firma mehr als ihn zu übernehmen. Und er stand wieder ohne Arbeit da.

Nun schlingt er seufzend den verschlissenen Mantel enger um seinen ausgemergelten Körper und bläst seinen wärmenden Atem in die eisigen Handflächen.

Ausgelatschte Motorradstiefel halten vor der Pappe. Er hört ein Geldstück in der Blechdose klirren. Ein angenehmes Geräusch. Als die Stiefel sich entfernen, huscht sein Blick zur Dose. Eine zwei Euro Münze. Vielleicht wird es ein guter Tag, denn es ist noch früh.

Vier Sneakers nähern sich. Zwei grüne und zwei rote. »Alter, haste mal Geld für den Penner?«

»Nee, denen darf man nichts geben. Sind alle Betrüger. Betteln tagsüber und steigen abends in ihren Jaguar, um in ihre Villa zu fahren.«

Er schnaubt leise, aber er schweigt. Warum sollte er sich verteidigen? Sie würden doch nur über ihn herfallen, um seinen Mund zu stopfen. Seitdem er auf der Straße lebt, hat er jedenfalls noch keinen Obdachlosen getroffen, der in Wahrheit ein getarnter Millionär ist. Stattdessen begegnen ihm täglich Gestank, Elend, Diebstahl, und manchmal fällt ein Bekannter dem Kältetod zum Opfer. Trotzdem kennt er das beliebte Gerücht, das von Generation zu Generation weitergegeben wird und nur dazu dient, sich vor der Gabe von Almosen zu drücken. Er war nicht anders gewesen, als seine Schuhe noch in Ordnung waren. Nur ein paar Pflichtspenden hatte er abgegeben - die fürs Finanzamt und die fürs Gewissen.

Wie lange war das her? Drei Jahre? Oder fünf Jahre? Er weiß es nicht genau. Die Uhr auf der Straße tickt viel langsamer, als die der anderen Menschen.

Damals.

Vor dem Unglück.

Damals schaute er noch in die Gesichter der Anderen und sonnte sich in der Bewunderung, die sie ihm entgegen brachten. Seine Eltern waren stolz auf ihren Sohn, der sein Studium mit summa cum laude bestanden hatte. Sie hatten ihm zur Wahl seiner Partnerin gratuliert und sich verstohlen die Freudentränen aus den Augen gewischt, als er ihnen seine neugeborene Tochter in die Arme legte. Nach seinem ersten Prozess, den er mit Bravour gewonnen hatte, hatten die Kollegen ihm beifällig auf die Schultern geklopft und billigend seinen leichtfüßigen Aufstieg auf der Karriereleiter beobachtet. Die Augen seiner Frau hatten anerkennend geblitzt beim Rundgang durch das neue, luxuriöse Haus. Spitze Schreie der Begeisterung hatte sie ausgestoßen, als er ihr sein selbstangelegtes Feuchtbiotop auf dem weitläufigen Grundstück präsentiert hatte.

Damals.

Vor dem Unglück.

Und dann ging es abwärts. Unaufhaltsam. Rasant. Immer schneller. Er hatte versucht, von der Fahrt ins Abseits abzuspringen, aber irgendwann war keiner mehr da, um ihn aufzufangen.

Zuerst sah er noch ihre Augen, die vor seinem Blick flohen, wenn er Entschuldigungen suchte. Dann ihre Münder, die sich verächtlich verzogen, wenn er versuchte die Sache zu erklären. Später sah er ihre Hände, die sich zu Fäusten ballten, wenn er um Vergebung bat. Schließlich die Beine, die zu Tritten ausholten, wenn er seine Sicht der Dinge erläutern wollte. Am Ende landete sein Blick bei den Schuhen, und er schwieg.

Er ballt die eisigen Hände zu Fäusten. Er will nicht, dass der Schmerz ihn überwältigt und kann doch nicht verhindern, dass sich eine Träne den Weg über seine vom Wetter gegerbte Wange bahnt.

»Mama, der Mann weint.« Ein rosa Schnürstiefel mit blauen Bärchen stoppt abrupt. Den anderen Schuh kann er nicht sehen, da er hinter einer der Plastiktüten verborgen bleibt, die er um sich herum aufgetürmt hat wie eine Festung.

»Der weint nicht.« Hochhackige, mit Pailletten besetzte Stiefel halten ebenfalls an.

»Doch.« Eine helle Stimme widerspricht trotzig.

»Der kann nicht weinen.«

»Warum?«

»Weil der keine Gefühle hat.«

»Warum?«

»Weil das ein Penner ist.«

»Warum?«

»Weil der Mann nicht zur Arbeit geht.«

»Warum?«

»Weil der nicht so ist wie der Papa.«

Damals.

Vor dem Unglück.

Da war er auch ein Papa gewesen.

Die Bärchenstiefel, die helle Stimme, die wie Musik in seinen Ohren klingt, das hartnäckige Fragen eines Kindes.

Erstaunt bemerkt er, wie sich eine längst vergessene Wärme in seinem Bauchraum bildet, die dann durch seinen ganzen Körper strömt. Er spürt sein Herz kraftvoll gegen den Brustkorb klopfen. Auf einmal fühlt er sich munter, gesund und seltsam lebendig. Daher macht er etwas, dass er seit Jahren nicht mehr gewagt hatte.

Er hebt den Blick.

Zwei leuchtend blaue Augen betrachten ihn neugierig. Ein kleiner Mund, in dem zwei Schneidezähne fehlen, grinst lebenslustig. Geflochtene blonde Zöpfe umrahmen ein rundes Gesicht. Nur ein paar Sekunden genießt er diesen Augenblick. Denn als das Mädchen bemerkt, dass er sie anschaut, verschwindet das Lächeln. Die Augen verdunkeln sich, und es stößt ein ängstliches Wimmern aus. Schnell senkt er den Blick, denn er will die Kleine nicht erschrecken. Er weiß selbst, dass er mit seinem fettigen Haar, dem zerzausten Bart und den schlechten Zähnen kein schöner Anblick ist.

Die mit Pailletten besetzten Stöckelschuhe weichen zurück. »Komm jetzt. Wir gehen weiter.«

Als der eine Bärchenstiefel sich zögernd zur Seite dreht, kommt auch der andere aus seinem Versteck hinter der Plastiktüte hervor. Der Schnürsenkel des rosa Stiefels hat sich gelöst und schleift rechts und links vom Fuß über das Pflaster. Er reißt die Augen auf. Entsetzt starrt er den aufgetauchten Kinderschuh an. Wie ein Pfeil bohrt sich das Bild tief hinein in sein Herz. Ein gequältes Schluchzen bahnt sich einen Weg aus der Brust über seine Lippen. Die Erinnerung überrollt ihn unbarmherzig wie eine riesige Welle. Sie wirft ihn um, drückt ihn nieder und raubt ihm die Luft zum Atmen. Der unerträgliche Schmerz, die Selbstvorwürfe und der Selbsthass. Auf einmal sind all die Gefühle wieder präsent, dabei war es ihm doch so lange gelungen, sie im Alkohol zu ertränken.

Damals.

Nach einem aufreibenden Arbeitstag stürmte Lena ihm entgegen, löcherte ihn mit Fragen und wollte dringend von ihren Erlebnissen aus der Kindertagesstätte erzählen. Aber er hatte den Kopf nicht frei für ihr Geplapper, denn gegen seinen Mandanten waren neue Anschuldigungen erhoben worden, daher musste er dringend die Verteidigung überarbeiten. Doch Lena redete ununterbrochen von den anderen Kindern, neuen Spielgeräten, einem in der Tagesstätte angelegten Kräutergarten. Dabei hob sie einen Fuß und zeigte auf den herabhängenden Schnürsenkel des rosafarbenen

Stiefels, dessen Schaft fröhlich grinsende Bienen zierten. Er winkte unwirsch ab. Er hatte keine Lust, er hatte keine Zeit, ihr Anliegen war ihm lästig. Es war ihm viel zu banal, ihr schon wieder zu erklären, wie eine Schleife gebunden wird. Außerdem beschäftigten sich seine Gedanken bereits mit einer neuen Verteidigungsstrategie. Obwohl er ihr trauriges Gesicht bemerkte, stapfte er in sein Arbeitszimmer und verschloss die Tür. Zum Glück vergaß sie ihren Kummer schnell. Bald schon hörte er sie draußen unter dem Fenster des Arbeitszimmers spielen, und er vertiefte sich konzentriert in seine Akten.

Als nächstes vernahm er den markerschütternden Schrei seiner Frau. Überstürzt rannte er hinaus in den Garten und blieb mitten auf dem Rasen wie angewurzelt stehen. Fassungslos starrte er auf die kleine Gestalt. Lena lag mit dem Gesicht voran im Gartenteich. Reglos.

Wenn er heute die Augen schließt, spürt er immer noch den sanften Wind auf seinen Wangen, riecht die Fliederblüten, bemerkt die schillernden Goldfische, die um den toten Körper huschen und sieht die verdammten rosa Stiefel mit den höhnisch grinsenden Bienen.

»Wahrscheinlich wegen der offenen Schnürsenkel gestürzt«, hatte der herbeigerufene Notarzt festgestellt. »Sie wird mit dem Gesicht direkt im Wasser gelandet sein.« Nüchtern hatte er ihm und seiner Frau erklärt, dass Kleinkinder wegen der noch untrainierten

Nackenmuskulatur den Kopf nicht aus dem Wasser heben könnten. Hinzu käme der Atemschlussreflex, der die Luftröhre verschließe, um ein Ertrinken zu verhindern. Lena war sozusagen erstickt in seinem idyllischen Feuchtbiotop.

Verzweifeltes Schluchzen schüttelt seinen verwahrlosten Körper. Als sich die kleinen Stiefel mit den blauen Bärchen entfernen, erhebt er sich mit steifen Gliedern. Er lässt die baumelnden Schnürsenkel nicht aus den Augen. Schwankend folgt er den Schuhen. Wie ein Mantra stößt er mit brüchiger Stimme immer wieder dieselben Worte aus. »Die Schnürsenkel. Die Schnürsenkel. Die Schnürsenkel.«

»Gehen Sie weg! Lassen Sie mich in Ruhe!« Die hochhackigen Stiefel werden schneller und zerren die Kinderschuhe hektisch hinter sich her.

»Halt an! Bleib sofort stehen!« Seine Stimme wird fester. Er muss die Stöckelstiefel warnen, denn wenn sie sich nicht die wenigen Minuten Zeit nehmen, um die Schnürsenkel des Kindes zu binden, wird der Kleinen etwas Schreckliches widerfahren.

»Was wollen Sie von mir? Hauen Sie ab!« Die Stiefel trippeln nervös auf dem Pflaster, wenden sich mal nach links und mal nach rechts. »Hilft mir denn keiner? Hilfe!«

Plötzlich kommen sie von allen Seiten herbei.

Turnschuhe, Sneakers, Lederstiefel und Boots in verschiedenen Formen und Farben. Ehe er nach dem Kind greifen kann, bauen sie sich in Dreierreihen vor ihm auf. Eine Mauer, gebaut aus Schuhen, steht zwischen ihm und dem Mädchen und macht es ihm unmöglich, das Kind zu erreichen. Er will es den Schuhen erklären, doch ihm fehlen die Worte, daher zeigt er mit dem Finger auf die hochhackigen Stiefel und kreischt völlig außer sich: »Ihr bringt sie um!«

Die Stöckelstiefel stehen reglos neben den rosa Kinderschuhen. Wieso bewegen sie sich nicht? Wieso zeigen sie dem Mädchen nicht, wie eine Schleife gebunden wird? Verstehen sie ihn nicht? Bemerken sie die Gefahr nicht? Er muss die Kleine beschützen, aber die anderen Schuhe versperren ihm drohend den Weg. Sie geben ihm keine Chance, das kleine Mädchen zu retten. Heftig gestikuliert er mit den Händen und er donnert mit einer Stimme, die vor langer Zeit einmal einem erfolgreichen Anwalt gehört hatte: »Es ist eure Schuld, wenn sie stirbt!«

Erstaunt nimmt er zur Kenntnis, dass die Schuhe unschlüssig wippen, so als seien sie sich nicht sicher, wer zu ihnen gesprochen hatte. Sie scheinen zu überlegen, ob sie dieser Stimme besser Respekt zollen sollten. Sie zögern. Vielleicht spüren sie instinktiv, dass er vor langer Zeit einer von ihnen war? Dass auch er damals Markenschuhe trug?

Noch einmal hebt er den Blick. Er sieht auf die Beine, die ihm so viele Tritte verpasst hatten, auf die Hände, die sich mehrmals zu Fäusten geballt und zugeschlagen hatten. Er schaut in die Gesichter. In jedes einzelne. Fremd sind sie und blass. Blaue, grüne, braune oder graue Augen sehen ihn an. Unentschlossen. Ratlos.

»Die Lena ist tot!«, poltert er, sodass ein Brillenträger entsetzt die Augen aufreißt und einige Schritte zurückweicht.

»Der flippt total aus«, ertönt eine dunkle Stimme aus der hintersten Reihe.

»Gestolpert über die Schnürsenkel«, erklärt er tränenüberströmt der Blondgelockten, die seinem Blick nicht standhalten kann.

Ein junger Typ mit Pferdeschwanz stupst seinen Nachbarn an. »Der ist komplett irre.« Lachend zückt er das Handy und hält es in seine Richtung. »Alter, das erscheint auf Youtube.« Wie bei einem Dominoeffekt werden die Mobiltelefone gezückt. Kalte Kameraaugen sehen ihn an. Tränen strömen über seine Wangen.

»Die Lena ist in meinem Teich ertrunken. Er war nicht einmal einen halben Meter tief.«

Ein bulliger Mann mit tätowierten Händen in der ersten Reihe spuckt vor ihm auf den Asphalt. »Guckt euch den verrückten Penner an. Vielleicht hat der jemanden umgebracht.«

»Es war meine Schuld«, schluchzt er, »hätte ich nur ein wenig Zeit für sie gehabt.«

»Der soll sich verpissen«, schreit eine gepflegte Dame mit hochrotem Gesicht, ihre Augen glänzen vor Erregung.

»Der gehört in die Klapse.« Der Brillenträger tritt mutig hervor. Mit einem Seitenblick vergewissert er sich, dass die anderen ihm folgen. Ihre Schuhe machen einen gemeinsamen Schritt nach vorn. Sie pressen ihre Münder zusammen. Sie starren ihn entschlossen an. Ihre Hände ballen sich zu Fäusten.

»Schmarotzer.« Der Brillenträger verzieht angewidert das Gesicht.

»Das Mädchen …« Schritt um Schritt weicht er zurück.

»Säufer.«

»Ich wollte nur …«, versucht er zu erklären.

Schritt um Schritt.

»Der soll sein verlogenes Maul halten.« Das Gesicht der gepflegten Dame verzerrt sich zur Grimasse.

»Aber das Kind …« Schritt um Schritt. Sie hören ihm nicht zu, wollen ihn nicht verstehen.

»Der wollte dem Mädchen bestimmt was antun«, behauptet der junge Typ mit dem Pferdeschwanz.

Schon hört er das vertraute Rascheln der Tüten, in denen sich seine Habseligkeiten befinden. Die Pappe scharrt über den Beton. Sein Fuß streift die Blechdose. Sie kippt um. Die zwei Euro Münze rollt über den

Asphalt, dreht sich mehrmals klirrend im Kreis und bleibt schließlich liegen.

»Der ist gefährlich«, brüllt die Frau mit den blonden Locken.

Er spürt die harte Mauer in seinem Rücken und gleitet langsam an den kalten Steinen hinab. Er sinkt hinter die Festung, die er am Morgen aus seinen Habseligkeiten errichtet hatte.

»Will nicht wissen, was der mit der Kleinen angestellt hätte.« Der Mann mit den tätowierten Händen betrachtet ihn feindselig.

Er schweigt. Sein Atem wird träge. Die Kraft und die Lebendigkeit fallen von ihm ab. Sein Herz schlägt müde. Nur widerwillig pumpt es das Blut durch seine Adern. Hoffnungslosigkeit umhüllt ihn wie eine Wolke und raubt ihm den letzten Widerstand. Er senkt den Blick. Stumm lässt er die Anschuldigungen und Beleidigungen über sich ergehen. Als die Schuhspitzen bemerken, dass er sich nicht mehr rührt, schwindet das Interesse schnell, und ein Schuh nach dem anderen wendet sich von ihm ab, um seinen Weg fortzusetzen. Er fühlt sich leer und ausgepumpt. Apathisch starrt er auf den Asphalt.

Gelbe Sneakers, braune Stiefeletten, weiße Turnschuhe, schwarze Lackstiefel. Einige glänzen in satten Farben.

Die Meisten zeigen deutliche Gebrauchsspuren. Er kennt sie alle. Manche schlendern bedächtig. Andere sind in Eile. Die Wenigsten bleiben stehen.

Ein unvergesslicher Augenblick

Überall sind Polizisten. Sie laufen geschäftig herum und sprechen in ihre Funkgeräte. Der Platz ist kaum wiederzuerkennen. Gestern erst wurde er geschrubbt, heute erstrahlt er in einem majestätischen Glanz. Eine Bühne war aufgebaut worden, darauf stehen einige Stühle und ein Rednerpult. Alles wird durch eine dicke Panzerglasscheibe geschützt.

Über einen langen, mit Gittern abgesperrten Weg, marschieren die viertausend geladenen Gäste. Immer zu zweit nebeneinander, so wie damals in der Schule auf dem Pausenhof. Vor ihrem Marsch werden sie kontrolliert, komplett und sehr gründlich. Jeder bekommt ein Fähnchen und die Anweisung, wann genau er dieses zu schwenken hat. Taschen, die entgegen der Anordnung mitgebracht worden waren, werden eingesammelt. Nicht mal Getränke sind erlaubt, dabei senkt sich die Mittagshitze schwer wie Blei auf den Platz.

In vier Stunden wird er erscheinen. Ein hochrangiger Politiker aus dem Ausland. Er hat den Namen vergessen, und er interessiert ihn auch nicht. Der Mann sei viel zu liberal, sie müssten ein Zeichen setzen, hatten ihm die Kameraden erklärt, und diese Begründung reicht ihm aus, denn sein Auftrag lautet, diesen Mann zu töten. Und darauf ist er stolz.

Er wirft einen Blick auf seine Armbanduhr. Was sind schon vier Stunden? Er wartet bereits seit drei Tagen. In der Zeit ernährte er sich von Wasser und trockenem Brot. Er hat sich in dem Bürogebäude direkt gegenüber der Bühne verschanzt. Schon fünfundzwanzig Mal wurde der Raum durchsucht, aber er verharrte still und leise hinter der Ausbuchtung im Aktenschrank.

Er ist ein Meister des guten Verstecks. Achtunddreißig Jahre lang hatte er sich vor den unkontrollierbaren Wutausbrüchen des Alten in kleinsten Nischen verkrochen. Bis er ihn umhaute. Das war ganz einfach. Nur ein leichter Schlag mit der Handkante. Sein Vater, zweiundachtzig und ein wenig wackelig auf den Beinen, kippte einfach um. Schädelbasisbruch. Er erholte sich nicht mehr.

Endlich sitzen alle Eingeladenen auf ihren zugewiesenen Plätzen. Er hält den Atem an, als eine Kolonne Fahrzeuge die Rückseite des abgesperrten Platzes erreicht. Blaulichter funkeln in der Nachmittagssonne. Türen werden geöffnet. Polizisten, Bundesgrenzschutz und Bundeswehr schwirren aus wie ein Schwarm Bienen. Ein Raunen geht durch die sittsame Menge.

Und dann betritt der Politiker die Bühne, begleitet von bulligen Securitymitarbeitern in schwarzen, makellosen Anzügen, die ihre Blicke hektisch schweifen lassen, die Hände an die Ohren führen und in ihre Miniaturfunkgeräte murmeln.

Er steht reglos hinter dem Fenster. Vorfreude spiegelt sich in seiner Mimik wider, als er sein Zielobjekt erblickt. Er kennt seine Aufgabe. Er wird seine Pflicht erfüllen. Er wird die Sache ins rechte Lot bringen. Seine Kameraden bauen auf ihn. Sie bewundern seinen Mut und seine Brutalität. Zumindest haben sie das bis vor kurzem getan.

In den vergangenen zwei Jahren prahlte er bei den wöchentlichen Gruppensitzungen mit dem fremden Mann, den er einst furchtlos zu Tode geschlagen hatte. Fast glaubte er schon selbst, wie er sich an den bulligen, muskelbepackten Kerl angeschlichen hatte, um ihn zur Rede zu stellen. Wie der Mann ihn ohne Vorwarnung angegriffen, ihm hinterhältig ein blitzendes Messer an die Kehle gesetzt und ihm mit dem Tode gedroht hatte. Aber er, er hatte verbissen gekämpft und nicht an sein Leben gedacht. Ihn hatte nur die Gerechtigkeit interessiert, und schließlich konnte er das Schwein überwältigen und mit dem eigenen Tatwerkzeug erstechen.

Immer wieder wollten seine Kameraden dieselbe Geschichte von ihm hören. Manchmal änderte er sie ein wenig, um die Spannung zu erhalten, aber nie erzählte er ihnen, dass der einzige Mann, den er je umgehauen hatte, sein zweiundachtzig jähriger Vater war.

Dann kam vor einem Monat der Neue. Ein übler Kerl. Er hat seinen Namen vergessen. Der Neue stellte ihm lästige Fragen, die er nicht beantworten konnte. Daraufhin behauptete er dreist, die Geschichte wäre gelogen. Die Kameraden schauten ihn auf einmal zweifelnd an. Aber jetzt wird er ihnen beweisen, dass er ohne Skrupel einen Menschen töten kann. Schließlich sollen sie ihn nicht für einen Feigling oder gar einen Nichtsnutz halten.

Seine Gedanken werden unterbrochen, als die Menge applaudiert. Sein Zielobjekt läuft über die Bühne und winkt dem Publikum zu. Die Menge schwenkt begeistert mit den Fähnchen.

Er seufzt. Heute wird er die Sache wieder ins Lot bringen. Er öffnet den stabilen Stahlkoffer und nimmt das neue AK63 BZW7391 heraus. Zärtlich, beinahe liebevoll streichelt er über das kalte dunkle Metallgehäuse.

Ihm haben die Kameraden das neue Modell anvertraut. Ihm und nur ihm. In Amerika wurde es hergestellt, dann hatte es jemand über den Iran geschmuggelt. Es war quer durch Deutschland gereist, bis es schließlich in seinen Händen lag. Eine einzigartige Waffe. Die Beste, die es auf dem Markt gibt. Das allererste Modell, das in der Lage ist, Panzerglas sauber zu durchtrennen.

Er ist ein hervorragender Schütze. Es gibt keinen, der auch nur ansatzweise an seine Treffsicherheit heranreicht. Das glauben zumindest die Kameraden, denen er in der wöchentlichen Sitzung von seinen Trefferquoten berichtet. Sie wippen dann aufgeregt mit ihren Springerstiefeln und hängen ihm förmlich an den Lippen.

Im Alter von sieben Jahren, vielleicht war es auch früher, begann sein Vater, ihn im Schießen zu unterrichten. Jeden Dienstag und Donnerstag schleppte der Alte ihn auf die Weide hinter der großen Scheune. Acht abgesägte Baumstämme standen im verdorrten Gras. Auf die Stämme stellte der Vater rote Getränkedosen.

»Knall die ab«, brüllte der Alte dann so laut und unbeherrscht, dass sein Speichel über das verdorrte Feld flog.

Und er zuckte zusammen, und sein Körper fing an unkontrolliert zu zittern. Schweißperlen bildeten sich auf seiner Stirn. Er hatte Schwierigkeiten, seinen feuchten Finger auf den Abzug zu legen. Schwindel erfasste ihn, und die Dosen verschwammen vor seinen Augen. Aber er schoss, sodass es über den Hof knallte. Er feuerte die Dosen ab, bis er achtunddreißig Jahre alt war. Und sein Vater brüllte und schrie, bis er zweiundachtzig war. Der Alte machte ihn nieder, jeden Dienstag und Donnerstag, weil er die beschissenen Büchsen einfach nicht treffen konnte. Er sei ein Nichtsnutz. Er sei es nicht wert, sein Sohn zu sein. Noch heute hört er das Gebrüll des Alten in seinen Ohren.

Sein Vater stampfte über das Feld und trat wütend die Büchsen von den Baumstämmen, sodass sie mit einem leisen Plopp auf den vertrockneten Rasen fielen. Und er erzählte ihm mit einem hämischen Gesichtsausdruck von der Fontäne, die bei einem einzigen getroffenen Schuss aus der Dose sprühen würde. Aber er, der Nichtsnutz, er würde dieses tolle Ereignis niemals zu sehen bekommen. Dann liefen Tränen über seine Wangen, denn so gern hätte er nur einmal diese Fontäne gesehen. Seine Mutter versuchte, ihn in Schutz zu nehmen. Sie meinte, es läge an seinem Sehfehler, er würde die Dinge doppelt sehen, aber davon wollte der Vater nichts hören.

Er bemerkt, dass er die Hände so fest zu Fäusten geballt hat, dass seine Fingerknöchel weiß hervor treten. Er kneift die Augen zusammen und konzentriert sich auf seine Aufgabe. Vorsichtig lauert er durch die Scheibe des Fensters. Eine Frau im Hosenanzug tritt hinter das Rednerpult. Für alle, die es noch nicht wissen, stellt sie den hochrangigen Politiker vor.

Er nimmt das Zielfernrohr aus dem Koffer und schraubt es auf die AK63 BZW7391. Es passt sich perfekt an. Er streicht über den Lauf, das kalte Metall kühlt seine feuchten Hände. Äußerlich wirkt er ruhig und gefasst, aber in ihm tobt ein ungeduldiger Sturm. Gleich ist es soweit. Es kann nicht mehr lange dauern.

Und endlich schreitet sein Zielobjekt zum Rednerpult und begrüßt die Eingeladenen mit sorgfältig ausgewählten Worten. Sie schwenken zum Dank erneut mit den Fähnchen.

Die Scharfschützen auf den Dächern der anderen Gebäude lassen ihre Blicke über den Platz wandern. Aufmerksam beobachten sie jede verdächtige Regung. Die Polizisten, der Bundesgrenzschutz und die Soldaten der Bundeswehr suchen die Fenster nach plötzlichen Bewegungen oder suspekten Schatten ab.

Ihm ist es egal. Er muss das Fenster für sein Vorhaben nicht einmal öffnen. Die neue AK63 BZW7391 geht glatt durch Glas, ohne es zu zersplittern.

Er richtet das Gewehr aus. Sein Finger legt sich auf den Abzug. Durch das Zielfernrohr visiert er die Stirn des Politikers. Eine unheimliche Ruhe durchflutet ihn. Er weiß, er tut das Richtige. Er wird die Sache wieder ins Lot bringen.

»Drei, zwei«, flüstert er hochkonzentriert, wobei er am Rande bemerkt, dass die Frau im Hosenanzug sich von ihrem Platz erhebt, um dem Politiker einen Gegenstand zu reichen, der ihm vage bekannt vorkommt. Er presst die Lippen zusammen und verringert den Druck auf dem Abzug, denn sein Zielobjekt dreht den Kopf zur Seite, um der Frau im hellen Anzug zu danken.

Er hat den Auftrag, dem Politiker eine Kugel in die Stirn zu jagen, sauber und tödlich. Also wartet er ruhig atmend ab, bis das Zielobjekt ihm erneut die Stirn bietet, um sich an die geladenen Gäste zu wenden, die das deutsche Volk repräsentieren sollen.

Verdutzt blinzelt er mit den Augen. Wie eine Statue steht der Politiker hinter dem Pult, und am Ende seines ausgestreckten Arms leuchtet eine rote Getränkedose.

Er stöhnt qualvoll. Hitzewellen jagen durch seinen Körper. Schweißperlen brennen in seinen Augen. Die Waffe in seinen Händen fühlt sich auf einmal glitschig an. Schwindel erfasst ihn, als der Lauf des Gewehrs wie von Geisterhand geführt zwischen der roten Dose und der Stirn des Politikers hin und her saust. Das Ziel verschwimmt vor seinen Augen. Er beißt die Zähne zusammen. Gewaltsam reißt er den Lauf des Gewehrs auf das Gesicht, das er zerstören soll. Mit zitternden Händen richtet er das Zielfernrohr zuerst auf den Mund, dann auf die Nasenflügel, schließlich auf die dunklen Augen.

»Höher«, ermahnt er sich. »Ein wenig höher.«

Jetzt hat er die Stirn im Visier. Aus zusammengepressten Lippen stößt er hervor: »Drei, zwei, eins.«

Schuss.

Es geht alles sehr schnell. Das Geschoss durchbricht die Fensterscheibe, saust über die Menge der Eingeladenen und bahnt sich einen Weg durch die Polizisten, den Bundesgrenzschutz und die Soldaten der Bundeswehr. Wie durch weiche Butter bohrt es sich durch das Panzerglas vor der Bühne. Die AK63 BZW7391 hält, was sie verspricht.

Geistesgegenwärtig springt die Frau im Anzug auf und wirft den Politiker um. Beide fallen hinter das Rednerpult. Sie verbergen ihre Köpfe unter den Armen. Die Männer der Security fuchteln mit den Händen. Sie schreien in die Mikrofone. Innerhalb weniger Sekunden haben sie eine undurchdringliche Mauer um das Pult herum gebildet. Einer der Männer zeigt auf das Fenster, aus dem geschossen worden war. Polizei, Bundesgrenzschutz und Bundeswehr setzen sich unverzüglich in Bewegung. Gemeinsam rennen sie auf das Bürogebäude zu. Sie drängeln sich durch die Tür und stampfen die Treppen hinauf.

Er bemerkt von alledem nichts. Sein Blick klebt an der roten Dose, die sich kreiselnd in die Luft erhebt. Höher und immer höher. Wie ein Springbrunnen mit vielen Fontänen versprüht sie ihre dunkle Flüssigkeit. Ein dicker Strahl in der Mitte, rechts zischen drei und links vier kleine Fontänen aus der Dose. Sie umschlingen den dicken Strahl, als wollten sie einen gemeinsamen Tanz aufführen.

Als die Getränkedose ihren höchsten Punkt erreicht hat, verharrt sie ganz kurz, dann segelt sie hinab, und immer noch spritzt die Flüssigkeit in alle Richtungen.

Mit offenem Mund verfolgt er den Flug. Seine Augen sind weit aufgerissen. Kindliches Staunen spiegelt sich in ihnen wieder. Das ist sie also. Die Fontäne, die er niemals zu Gesicht bekommen sollte, weil er so ein Nichtsnutz war. In einem hatte sein Vater recht. So etwas Schönes hatte er noch nie in seinem Leben gesehen.

Ganz entfernt vernimmt er die trampelnden Stiefel. Die Tür wird aufgebrochen. Brüllend stürmen sie herein: Polizei, Grenzschutz und die Soldaten der Bundeswehr. Sie werfen ihn zu Boden und drücken seine Arme brutal nach hinten. Sie schreien ihn an, schlagen und treten ihn. Und obwohl er den Mund vor Schmerz weit aufreißt und laute Schreie ausstößt, will er diesen unvergesslichen Augenblick in seinem Leben niemals mehr missen.

Der Parfumeur

»Ich erwarte wirklich nicht viel von dir. Ich brauche die Vorfinanzierung für das Projekt auf der Hansestraße dringend. Du sollst doch nur meinen Geschäftspartner mit deinen Düften ein wenig in die richtige Richtung lenken.« Jörg drückt die Zigarette im überfüllten Aschenbecher aus, ohne Karsten dabei aus den Augen zu lassen.

»Bist du komplett wahnsinnig?« Karsten, der ihm gegenüber auf einem der ungemütlichen Holzstühle sitzt, verzieht empört das Gesicht. »Ich werde deinen Geschäftspartner nicht manipulieren.«

»Es wäre nur ein kleiner Gefallen. Für dich ist es ganz einfach. Du machst das mit links. Und wenn ich daran denke, wie ich dir damals geholfen habe ...« Seufzend lehnt Jörg sich auf der Couch zurück und legt den Arm um seine Freundin Sabine.

Mit zusammengepressten Lippen erinnert Karsten sich an seine Schulzeit. Während seine Mitschüler sich mit Fußball, Handys und den neuesten Ballerspielen beschäftigt hatten, liebte er den Duft von Blumenwiesen, die Aromen des Waldes und den Geruch von gemahlenen Gewürzen. Er verstand die Hobbys seiner Klassenkameraden nicht, und sie konnten seine Begeisterung für Düfte nicht verstehen. Viele Male wurde er geärgert, geschubst und manchmal auch verprügelt. Und einmal hatte Jörg ihn auf dem Schulhof mit erhobenen Fäusten verteidigt. Nachdenklich runzelt Karsten die Stirn. Der Vorfall liegt schon einige Jahre zurück. Wie lange muss er dem Freund seine Dankbarkeit noch beweisen? Und hatte er Jörg und seiner Freundin nicht in der Not beigestanden und sie in seiner Wohnung aufgenommen? Wann ist seine Schuld beglichen?

»Du bist Parfumeur«, unterbricht Jörg seine Gedanken. »Es ist dein Beruf, andere Menschen zu manipulieren. Du hast es mir selbst erzählt. Erinnerst du dich an den Auftrag der Bäckereikette? Du hast dafür gesorgt, dass ein angenehmer Duft nach frisch gebackenem Brot durch die Lüftungsanlage auf die Straße geleitet wird, damit die Kunden Appetit bekommen und ins Geschäft marschieren. Dabei wird das Brot frühmorgens aus der Brotfabrik angeliefert.«

»Das ist etwas völlig anderes«, wirft Karsten ein.

»Und was ist mit den Supermarktregalen, die beduftet werden? Die Kunden werden in eine euphorische Hochstimmung versetzt, damit sie länger im Geschäft verweilen und ihren Einkaufswagen mit einem beschwingten Gefühl füllen.«

»Aber sie müssen dort nichts kaufen«, verteidigt der Parfumeur seinen Berufsstand.

»Sie werden aber auch nicht gefragt, ob es ihnen gefällt, ohne ihr Wissen Gerüchen ausgesetzt zu sein, die ihre Stimmung beeinflussen«, kontert Jörg. Er beugt sich nach vorn und zählt an den einzelnen Fingern auf: »Textilgeschäfte, Hotels, Gebrauchtwagenhändler. Alles wird beduftet. Täglich manipuliert ihr die Menschen. Überall vermittelt ihr den Leuten ein Gefühl der Frische und Unverbrauchtheit. Ihr gaukelt ihnen eine falsche Realität vor.«

»Das bedeutet aber noch lange nicht, dass wir Parfumeure die Aromen benutzen, um im privaten Bereich zu manipulieren. Das ist unmoralisch«, erklärt Karsten und verschweigt wohlweislich die Beduftung der Banken und Sparkassen.

»Was heißt hier unmoralisch? Ich brauche das Geld. Du ahnst ja nicht, was es heißt, permanent knapp bei Kasse zu sein. Du musst dir keine Sorgen machen. Wenn du Geld brauchst, fragst du deinen Vater. Aber es haben nicht alle so ein stinkreiches Elternhaus.«

Karsten zuckt zusammen. Er mag es nicht, wenn ihm die finanzielle Situation seiner Eltern vorgeworfen wird. Sein Vater ist ein sehr erfolgreicher Bauunternehmer. Natürlich hat sein Reichtum auch Vorteile für den einzigen Sohn, denn sein Vater bezahlt ihm die teure Wohnung, und ohne seine monatliche Finanzspritze könnte Karsten sich viele Annehmlichkeiten nicht leisten. Aber wäre Jörg an seiner Stelle, würde er das angebotene Geld sicherlich auch nicht verschmähen. Gerade als er den Freund zurechtweisen will, betritt Heike mit einer Flasche Rotwein in der Hand das Wohnzimmer.

»Es ist nicht Karstens Schuld, dass er wohlhabende Eltern hat«, mischt sie sich in das Gespräch ein. Dabei zieht sie einen Holzstuhl heran und nimmt neben ihrem Freund Platz. Missbilligend beobachtet sie Jörg und Sabine, die Kräcker auf der Designer Couch essen, ohne die herabfallenden Krümel zu bemerken.

»Es ist auch nicht Jörgs Schuld, dass ihm der finanzielle Rückhalt fehlt«, entgegnet Sabine spitz.

Heike lächelt die ungebetenen Mitbewohner unverbindlich an. Vor fünf Monaten standen Jörg und Sabine abends völlig durchnässt vor der Tür, um für einige Nächte bei ihnen unterzuschlüpfen bis sie den Mietvertrag für die Wohnung unterschrieben hätten. Später stellte sich heraus, dass sie noch gar keine Bleibe in Aussicht hatten, da Jörg sein Erspartes für die Kaution für ein Ladenlokal ausgegeben hatte. Sein Traum ist es, sich als selbständiger Architekt in der neuen Stadt zu etablieren. Seit fünf Monaten prahlt er mit großartigen Geschäften, die angeblich kurz vorm Abschluss stehen. Heike glaubt, dass es ihm nie gelingen wird, in dieser Stadt Fuß zu fassen. Sie kann auch nicht verstehen, warum Karsten seinem Freund nicht endlich begreiflich macht, dass er und seine Freundin in eine eigene Wohnung ziehen sollen. Wenn sie ihn darauf anspricht, windet er sich und speist sie ab mit der Aussage, es gehe um irgendein Ding von früher, aber reden will er darüber nicht.

Nun streckt Jörg ihr auffordernd das leere Weinglas entgegen. Dabei raunt er Karsten verschwörerisch zu: »Im Keller des Gebäudes ist ein Lüftungsschacht. Es wäre ein Leichtes für dich ...«

»So einfach, wie du dir das vorstellst, funktioniert es nicht.« Karsten unterbricht ihn unwirsch.

»Niemand kann einem Menschen allein mit Duftstoffen den Willen rauben. Aromen wirken nur auf die Emotionen. Vielleicht würde es mir gelingen, deinem Partner ein angenehmes Gefühl zu vermitteln. Aber mehr ist nicht drin.«

»Das ist völlig ausreichend. Der Mann fühlt sich wohl, unterschreibt und ... Bingo.« Der Freund klatscht begeistert in die Hände. »Dann können Bine und ich ausziehen.«

Der Flaschenhals zittert, als Heike sein Glas mit der roten Flüssigkeit füllt. »Ihr wollt ausziehen?«

Aufgeregt meldet sich Sabine zu Wort: »Wir haben tatsächlich eine Wohnung gefunden, die sofort bezugsfertig ist. Nichts gegen euch. Wir sind sehr gern hier gewesen. Aber es ist doch schöner, wenn man alleine wohnt, oder? Wir müssen nur noch ein paar Formalitäten erledigen.«

»Wann werdet ihr den Mietvertrag unterschreiben?« Heike grinst breit.

»Erst, wenn das Geschäft unter Dach und Fach ist«, schränkt Jörg ein.

»Wir haben noch Baguettes und Käse in der Küche. Kommst du mal kurz?« Heike führt Karsten in den angrenzenden Raum und verschließt die Tür.

»Hast du das gehört?« Sie flüstert aufgeregt. »Die wollen ausziehen. Dann werden die beiden endlich verschwinden. Du musst ihnen helfen!«

»Ich kann doch nicht einen unschuldigen Menschen ins Verderben rennen lassen. Es ist völlig klar, dass es für ihn den Ruin bedeutet, wenn er mit Jörg zusammenarbeitet. Jörg wird es nie schaffen, ein Projekt durchzuziehen.«

Sie stemmt die Hände in die Hüften. »Uns kann es doch egal sein, wenn jemand so blöde ist, sich mit Jörg auf ein Geschäft einzulassen.«

»Es ist unmoralisch«, wehrt Karsten ab.

»Das interessiert mich nicht.« Ihre Augen funkeln ihn ärgerlich an. »Du wirst dafür sorgen, dass Jörgs Geschäftspartner den Auftrag annimmt. Basta.«

Einige Tage später schiebt Karsten einen Tisch vor den Lüftungsschacht im Keller unter Jörgs Ladenlokal und stellt einen handelsüblichen Ventilator darauf. Aus

Büchern baut er einen Turm, auf den er eine flache Glasschale deponiert. Zufrieden betrachtet er sein Werk. Wenn er den Ventilator anschaltet, wird der Duft durch den Lüftungsschacht nach oben in das Besprechungszimmer geleitet. In der Mitte des Raumes platziert Heike mehrere Stühle, auf deren Sitzflächen Karsten unterschiedliche Riechstoffe ausbreitet.

Heikes Handy summt. Sie schaut auf das Display. »Er ist da.«

Während Karsten für das Mischen der Düfte im Keller zuständig ist, soll Heike den Kontakt zu Sabine halten, die sich bei Jörg im Besprechungsraum befindet. So wollen sie gewährleisten, dass der Parfumeur jeweils mit dem entsprechenden Geruch auf die verschiedenen Empfindungen des Geschäftspartners reagieren kann.

Karsten reibt sich erwartungsvoll die Hände. »Als erstes komponiere ich einen Basisakkord.« Er schreitet die Stuhlreihe ab und ergreift eine kleine dunkle Flasche. Er murmelt: »Lavendel ist ein guter Duft gegen Stress. Ylang Ylang wirkt betörend, sogar ein wenig narkotisch. Dazu gebe ich noch drei Tropfen Baldrian.« Er mischt die Essenzen in der Schale und fügt als Herznote Amyris hinzu. »Ich hoffe, diese Mischung wird die Drei dort oben erst einmal in eine ruhige, gemütliche Stimmung versetzen.« Gespannt betätigt er den Knopf des Ventilators.

Heike strahlt. »Heute Abend gehen wir zusammen in das neue Restaurant und feiern den Auszug der beiden.«

Er lächelt sie liebevoll an. »Dann sollte ich nachher meinen Vater anrufen und ihn um eine Finanzspritze bitten.«

Einige Minuten später summt Heikes Handy. Leise liest sie die Nachricht von Sabine vor. »Er ist misstrauisch und unruhig. Er hält das Projekt für fragwürdig.«

Nachdenklich runzelt Karsten die Stirn. Dann beschließt er: »Ich werde ihm Geborgenheit vermitteln.« Erneut schreitet er die Stuhlreihe ab. »Fenchel wirkt ausgleichend auf die Psyche. Heublumen sorgen für ein Gefühl der Erholung und Kamille spendet schon im Kinderzimmer Geborgenheit. Diese Mischung müsste ihn positiv beeinflussen.« Plötzlich hält er inne. »Weißt du eigentlich, wer Jörgs Geschäftspartner ist?«

Heike schüttelt den Kopf. »Warum sollte er mir das verraten?«

»Mir hat er nur erzählt, er hätte einen ganz großen Fisch an der Angel. Aber er wollte mir keinen Namen nennen. Du wirst es erfahren, wenn der Vertrag unterzeichnet ist, hat er mit diesem überheblichen Lächeln gesagt.« Gedankenverloren schaut er auf das rotierende Blatt des Ventilators. »Mich würde schon interessieren, wer der Mann ist. Ich fühle mich nicht wohl bei der ganzen Sache.«

»Nun mach schon«, drängelt Heike, »kümmere dich nicht um den Mann, denke lieber an uns.«

Seufzend tröpfelt er die Essenzen in die Glasschale. »Wenn mein Vater wüsste, dass ich zu meinem privaten Vorteil jemanden bewusst manipuliere, wäre er so enttäuscht, dass er den Kontakt zu uns abbrechen würde.«

Heike nimmt ihn tröstend in die Arme und streicht ihm zärtlich durchs Haar. »Er wird es nie erfahren«, verspricht sie.

»Was zum Teufel macht ihr da?« Mit einem leisen Summen erscheint die neue Nachricht. »Der Mann ist total verstimmt. Er beschwert sich über die verschwendete Zeit. Karsten soll seinen Job gefälligst ordentlich machen.«

»Was soll das heißen? Ich soll meinen Job ordentlich machen?«, zischt der Duftmischer. »Soll Jörg dort oben erst mal anständig arbeiten. Der spinnt doch. Ich habe ihm doch erklärt, dass ich nur Gefühle hervorrufen kann, die Überzeugungsarbeit für das Projekt muss er schon selbst leisten.« Wütend stapft er durch den Kellerraum. »Wieso funktioniert das nicht? Er muss doch auf die Düfte reagieren. Wir werden diesem Sturkopf einen Stimmungsaufheller verpassen.« Er greift nach einer der Flaschen. »Bergamotte ist ein starkes Mittel gegen Verstimmungen. Dazu gebe ich einige Tropfen Neroli und etwas Rose.« Konzentriert kaut er auf seiner Unterlippe. »Vielleicht sollte ich die Dosierung verändern? Der Geschäftspartner scheint ein harter Brocken zu sein.« Erneut nimmt er die Flaschen und tröpfelt die Flüssigkeit in die Schale. Er tröpfelt und tröpfelt und tröpfelt. Schließlich grinst er seine Freundin an: »Das würde selbst einen Elefanten fröhlich stimmen.«

»Einen Elefanten?«, kichert Heike, wobei sie den sich ausbreitenden Duft tief inhaliert.

Karsten schmunzelt belustigt.

Beim Vibrieren des Handys brechen die beiden in schallendes Gelächter aus.

»Ihr Idioten. Er will nicht unterschreiben, ist aufgebracht und wirft Jörg Unfähigkeit vor. Unternehmt etwas!«

Karsten prustet: »Ich habe es doch gesagt. Der Wille lässt sich nicht manipulieren.«

Heike klopft sich ausgelassen auf die Schenkel. »Wir schicken den in die Hölle. Und Jörg und Sabine gleich hinterher.«

»Das kann ich nicht«, grinst Karsten breit, »aber wir könnten ihn zur Südsee schicken.«

»Ein Gratis Urlaub«, brüllt Heike, »wie cool ist das denn?«

»Mit Palmen und Sandstrand«, stößt Karsten zwischen den Lachkrämpfen atemlos hervor, »vielleicht gefällt es dem Geschäftspartner dort besser als im Besprechungsraum.«

Beschwingt komponiert er einen neuen Duftakkord aus Zedernholz, Orange und Patchouli, fügt als Herznote Rosenholz hinzu und verfeinert das Ganze mit einem Hauch Meeresbrise.

Kurz darauf sitzt Heike mit einem verzückten Gesichtsausdruck auf dem Kellerboden. Sie murmelt etwas von Sonne, Strand und Meer, wobei sie sich wohlig räkelt. Auch Karsten sehnt sich plötzlich nach einer ausgedehnten Urlaubsreise und er beschließt, seinen Vater wieder einmal um eine größere Summe Geld zu bitten.

Die eintreffende Nachricht holt die beiden zurück in die Wirklichkeit »Alles verloren! Der alte Griesgram will das Gespräch abbrechen. Wir versuchen, mit einer Tasse Kaffee Zeit zu schinden. Macht ihr überhaupt etwas da unten?«

»Das ist nicht möglich«, grübelt der Parfumeur, »er reagiert auf keinen Duft. Das habe ich noch nie erlebt.« Er sieht seine Freundin an und zuckt mit den Schultern. »Ich weiß nicht weiter. Ich habe alles ausprobiert.«

Heike legt ihre Hand auf seine. »Überleg noch einmal. Es gibt bestimmt eine Mischung. Jörg und Sabine werden uns ewig auf den Wecker fallen, wenn du das hier vermasselst.«

Als er ratlos den Kopf schüttelt, fährt Heike eindringlich fort: »Irgendetwas muss den Mann positiv stimmen. Was ist dein schönstes Erlebnis, das du mit einem Geruch verbindest?«

Lange muss Karsten nicht überlegen, schon erhellt sich seine düstere Miene. »Als ich klein war, las mein Vater mir samstags nach dem Mittagessen Geschichten vor. Ich saß auf seinem Schoß. Er hatte die Arme um mich geschlungen und ich spürte den weichen Stoff seines rotkarierten Holzfällerhemdes auf meiner Haut.«

»Er hatte schon damals diese furchtbaren Hemden an?«

»Ja und immer rote.« Karsten lächelt. »Während ich mich in seine Arme kuschelte, roch ich den Apfelkuchen, den meine Oma für den Nachmittag in den Ofen geschoben hatte. Das ist für mich das intensivste Gefühl von Sicherheit und Geborgenheit.«

»Probiere es doch aus.« Sie zeigt mit dem Finger zur Kellerdecke. »Vielleicht hatte er auch eine Oma, die Apfelkuchen gebacken hat.«

Karsten mischt Apfelknospenduft mit Vanille und Zimtrinde. »Meine Oma verfeinerte den Kuchen immer mit einer Prise Muskat«, erklärt er und fügt das Gewürz hinzu.

Schon breitet sich ein herrlicher Geruch nach frischem Apfelkuchen im Keller aus, der den beiden das Wasser im Mund zusammenlaufen lässt.

Karstens Gedanken wandern in die Vergangenheit. Er hört die beruhigende Stimme seines Vaters, spürt dessen liebevolle, kräftige Umarmung. Er sieht seine

Oma, die vor dem Backofen steht, sich das verschwitzte, graue Haar aus der Stirn streicht und ihm lächelnd eine Apfelscheibe in seine geöffnete Hand drückt. Wehmütig fällt ihm ein, dass er sehr lange nicht mehr an ihrem Grab war.

Das Handy summt. »Endlich. Er hört aufmerksam zu, stellt Fragen, ist fröhlich, aufgeweckt, vertrauensvoll, ein ganz veränderter Mann.«

Karsten und Heike wagen nicht zu jubeln. Zu unsicher sind die Reaktionen des Mannes. Immer noch kann er plötzlich von einer anderen Stimmung ergriffen werden und das Gespräch abbrechen. Reglos sitzen sie auf den Stühlen und fixieren das schwarze Display des Handys. Endlich erscheint die erlösende Nachricht. »Bingo. Der Vertrag ist unter Dach und Fach.«

Kurzzeitig meldet sich Karstens schlechtes Gewissen. Ihm ist sehr genau bewusst, dass dieses Geschäft einen unschuldigen Mann in den Ruin treiben wird. Aber als Heike ihm jubelnd in die Arme fällt, verblassen seine Zweifel. Endlich werden Sabine und Jörg ausziehen und Heike und er werden die Abende in ihrer Wohnung allein genießen können.

»Komm«, ruft Heike. Euphorisch rennen sie die Treppe hinauf. Im Flur treffen sie Jörg. Lachend klimpert er mit dem Wohnungsschlüssel. Mit einer übertriebenen Verbeugung lässt er ihn in Heikes ausgestreckte Hand gleiten.

Dann klopft er Karsten kameradschaftlich auf die Schulter. »Den Alten haben wir so richtig übers Ohr gehauen.«

Karsten lächelt verhalten. Seine Augen huschen durch den Flur. Zu gern möchte er einen kurzen Blick auf den Mann erhaschen, der sich so schwer von seinen Duftmischungen beeinflussen ließ. Stimmen nähern sich. Sabine trippelt den Gang entlang, gefolgt von Jörgs neuem Geschäftspartner. Als die beiden um die Ecke biegen, stockt ihm der Atem. Halt suchend ergreift er Heikes Hand. In dem kahlen, tristen Flur leuchtet ihnen das rotkarierte Hemd seines Vaters entgegen.

»Karsten.« Seine Stimme hallt von den Wänden wider. »Was machst du denn hier? Kennt ihr euch?« Er deutet auf Jörg und schmunzelt. »Nach zähen Verhandlungen sind wir doch noch auf einen Nenner gekommen.«

Karsten kann nicht antworten, denn der Kloß in seinem Hals lässt es nicht zu. Sein Vater bemerkt weder seinen bleichen Gesichtsausdruck, noch seine vor Entsetzen weit aufgerissenen Augen. Er schließt ihn in seine Arme und drückt ihn fest an sich. Bewegt raunt er ihm ins Ohr: »Ich muss los. Ich werde zum Friedhof fahren. Das Grab deiner Oma besuchen. Ich war so lange nicht mehr dort.«

Die weiße Taube

Die weiße Taube ist müde,
sie ist die letzte ihrer Art.
Die anderen kapitulierten,
der Auftrag war ihnen zu hart.

Die weiße Taube ist traurig,
sie kommt in Afghanistan an.
Sie bringt dem Kind einen Ölzweig,
doch es ersticht einen Mann.

Die weiße Taube ist kraftlos,
sie sitzt in Mossul im Café.
Der Mann zieht am Sprengstoffgürtel,
die Asche rieselt wie Schnee.

Die weiße Taube im Jemen,
sie blinzelt durch tiefschwarzen Rauch.
Das Haar der Frau steht in Flammen,
sie presst die Hand auf den Bauch.

Die weiße Taube in Bagdad.
Sie erreicht es im Abendrot.
die Kämpfer lehnen an Felsen,
schießen spielende Kinder tot.

Die weiße Taube, sie fragt sich:
»Was fang´ ich mit euch bloß an?
Ich bin das Symbol des Friedens
und keiner hält sich daran.«

Wir schütteln den Kopf und sind ratlos:
»Was geht denn die Taube uns an?«
Die Kriege sind weit entfernt,
wir denken nur selten daran.

Doch die Menschen, sie fliehen,
lassen alles zurück.
Tausende flüchten
für ein Stückchen vom Glück.

»Schließt unsere Grenzen«,
rufen wir laut.
»Haltet sie auf!«
Barrieren werden gebaut.

Die Menschen, sie kämpfen
die Zäune erbeben.
sie kommen zu uns,
wollen ohne Angst leben.

Wenn wir uns bemüh'n,
könn' wir die Taube entdecken.
Sie hockt auf den Stufen,
sie lauert in Ecken.

Sie sitzt auf dem Baum,
lauscht unser'm Geschrei:
»Die stehlen uns Arbeit,
es sind Verbrecher dabei.

Sie verderben die Kinder.
Sie begrapschen die Frau'n.
Sie beklau'n die Senioren.
Man darf ihnen nicht trau´n.«

»Haut ab«, brüllen wir.
Manche werfen mit Steinen.
Doch wenn wir mal ganz leise sind,
dann hör'n wir die Taube weinen.

Die weiße Taube, sie flattert
vor´m brennenden Flüchtlingsheim.
sie will das Feuer rasch löschen,
ersticken den hassvollen Keim.

Die weiße Taube ist wütend,
die Rechten wollen nicht weichen.
»Nehmt doch endlich Vernunft an.
So könnt ihr gar nichts erreichen.«

Ein paar demonstrieren dagegen.
Sie helfen den Menschen in Not.
Sie nähren die Taube mit Hoffnung,
vertreiben Gewalt, Hass und Tod.

Die weiße Taube ist müde,
sie gibt jedoch niemals auf.
Entschlossen spreizt sie die Flügel
und steigt in die Lüfte hinauf.

Das verflixte siebte Jahr

»Es sieht so aus, als wenn er noch versucht hätte, die Haustür zu erreichen, bevor der Tod ihn überraschte«, stelle ich mit einem Blick auf den Mann fest, der lang ausgestreckt im Flur liegt. Von Frank ernte ich für meine fachmännische Einschätzung nur ein missbilligendes Stirnrunzeln. Mir scheint, dass er immer noch wütend ist wegen der Sache heute Morgen. Er wendet sich freundlich an den Rechtsmediziner, der neben der Leiche kniet, um letzte Untersuchungen vorzunehmen. »Hallo Achim. Kannst du mir schon irgendetwas sagen?«

»Hallo Bea, hallo Frank.« Achim lächelt uns an. »Geht´s euch gut?«

Weder Frank noch ich nicken zustimmend, doch das bemerkt Achim nicht, denn er schaut schon wieder konzentriert auf den Toten. »Wir haben eine männliche Leiche. Er ist zweiunddreißig Jahre alt. Vermutlich starb er heute Morgen zwischen sechs und neun Uhr. Äußere Verletzungen sind nicht erkennbar. Eine

Blutuntersuchung wird uns weiteres zeigen. Ich tippe auf eine Vergiftung, aber Näheres kann ich euch erst nach der Obduktion sagen.« Er steht auf, streift sich die Latexhandschuhe von den Fingern und stellt fest: »Sieht so aus, als hätte er noch versucht, die Haustür zu erreichen, bevor der Tod ihn überraschte.«

Meine Kinnlade klappt herunter, als Frank ihm für seine Einschätzung anerkennend auf die Schultern klopft, denn für die gleiche Feststellung meinerseits hatte er nur ein missbilligendes Stirnrunzeln übrig gehabt. Ich verstecke meine geballten Fäuste hinter dem Rücken. Achim zeigt auf eine weiße Tür und grinst Frank anzüglich an. »Die Ehefrau wartet in der Küche.«

Ich strecke mein Kinn nach vorn und ziehe die Schultern nach hinten. Nun ist Professionalität angesagt, das bedeutet, alle privaten Unstimmigkeiten zwischen Frank und mir haben hier nichts zu suchen. Beruflich sind wir ein Team und privat ein Ehepaar. Da sind Schwierigkeiten an der Tagesordnung, denn oft ist es nicht einfach, das Privatleben vom Beruf zu trennen.

Heute ist Frank mal wieder sauer auf mich. Da ich mich beim Frühstück weigerte, ihm Nougatcreme auf die Butterbrote zu streichen, sackte die Stimmung zwischen uns, gelinde gesagt, in den Keller. Aber mal ehrlich: Wir sind seit sieben Jahren verheiratet und ich bin es endgültig leid, ihn zu bemuttern. Immer koche ich allein das Essen, außerdem räume ich das Haus auf, beziehe sein Bett, erledige seine Post, gehe für ihn einkaufen, telefoniere mit seinen Eltern, verwalte seine Termine, ja, ich bringe ihm sogar sein Feierabendbier. Und er?

Ich atme noch einmal tief durch, dann betrete ich die Küche. Eine attraktive Blondine sitzt am Küchentisch, der unter dem Fenster steht. Mit zitternden Händen umklammert sie einen Kaffeebecher. Behutsam wende ich mich an sie. »Sie haben also ihren Mann im Flur gefunden? Haben Sie ihn angerührt? Oder gar bewegt?«

Sie antwortet mit brüchiger Stimme. »Wie er so daliegt. Es ist furchtbar, Frau Hauptkommissarin.«

Hinter mir zieht Frank empört die Luft ein. Er drängt mich zur Seite und geht mit forschem Schritt auf die Blondine zu. »Ich bin Hauptkommissar Brenner. Sie ist nur Kommissarin.«

Ich presse die Lippen fest zusammen. Das war nun wirklich nicht nötig. Es ist doch völlig gleichgültig, wer auf der Karriereleiter höher geklettert ist. Eigentlich hätte ich befördert werden müssen, denn ich brenne viel mehr für diesen Beruf als Frank. Selbst in meiner knapp bemessenen Freizeit beschäftige ich mich mit den aktuellen Fällen. An jeder Fortbildung nehme ich teil, um zu lernen, woran man mögliche Täter erkennen kann. Frank besucht nur eine einzige Pflichtfortbildung im Jahr und mosert danach über die verlorene Zeit. Gequält lächele ich den matt glänzenden Edelstahlkühlschrank an und zähle dreimal hintereinander bis zehn, um meine Wut einzudämmen.

Währenddessen höre ich Frank mitfühlend fragen: »Sie haben ihren Mann gefunden?«

Die Blondine nickt schweigend. Mein Ehemann zieht sich einen der Küchenstühle heran und setzt sich neben sie. »Was genau ist denn geschehen? Erzählen Sie mir alles so detailliert wie möglich. Fangen Sie am besten kurz nach dem Aufstehen an.«

Die Blondine starrt vor sich auf die hölzerne Tischplatte, um sich zu sammeln. Schließlich seufzt sie tief. »Ich bereitete ihm wie jeden Morgen die Butterbrote vor. Um acht Uhr verließ ich das Haus. Lars fängt immer erst um zehn Uhr an, daher schlief er noch, als ich los fuhr. Er arbeitet von hier aus, sein Büro ist oben.« Sie stockt. Dann vergräbt sie das Gesicht in den Händen und schluchzt: »Wenn ich doch nur hier geblieben wäre. Ich hätte ihm bestimmt helfen können.«

Schweigend warten Frank und ich darauf, dass sie fortfährt.

»In der Mittagspause kam ich heim, um zu kochen. Als ich die Haustür aufschloss, lag er im Flur. Ich habe sofort den Notarzt gerufen, aber der konnte nichts mehr für ihn tun.«

Ich krame in meiner Jackentasche und reiche ihr ein Päckchen Taschentücher. Dankbar zieht sie eins heraus und schnäuzt sich vornehm. »Seit sieben Jahren sind wir verheiratet. Er ist meine ganz große Liebe. Lars ist ein sehr fürsorglicher Ehemann.«

Ich unterlasse es, sie auf die Vergangenheitsform hinzuweisen. Unaufgefordert setze ich mich auf den dritten Küchenstuhl und beobachte die Mimik und Gestik der Blondine, so wie ich es auf einer der Fortbildungen gelernt hatte.

Sie beugt sich näher an Frank heran und ihr Schmollmund erklärt ihm: »Sonntagmorgens geht der Lars immer joggen und auf dem Rückweg bringt er mir jedes Mal frische Blumen mit, um mir eine Freude zu machen. Ich liebe die gebundenen Sträuße.«

Ich reiße überrascht die Augen auf, als mein Ehemann mit rauer Stimme antwortet: »So gehört sich das. Eine Frau muss verwöhnt werden.«

Mir klappt die Kinnlade herunter. Schon wieder spüre ich Wut in mir aufsteigen. Mir hat Frank noch nie Blumen mitgebracht, obwohl er auf dem Nachhauseweg an drei Floristen vorbeikommt. Ich habe sie gezählt. In der Vergangenheit hatte ich sogar mehrmals angedeutet, wie sehr mich ein Blumenstrauß erfreuen würde, doch er war der Ansicht, dass ich mir die Blumen selbst aus unserem Garten pflücken sollte.

Auf einmal bemerke ich, dass die Blondine auffallend oft ihre Nase berührt. Lektion eins der Verhörmethodik: Reibt die Verdächtige häufig ihre Nase, sagt sie nicht die Wahrheit. Nachdenklich runzele ich die Stirn.

Will die Blondine uns ein Märchen auftischen? Versucht sie uns einen Bären aufzubinden?

Grübelnd schaue ich mich in der Küche um. Auf der schwarzen Marmorarbeitsplatte steht ein silberner Brotkorb und davor ein Glas Marmelade. Mit geschultem Blick stelle ich fest, dass ein Etikett auf dem Glas fehlt und folgere, dass die Blondine ihren Brotaufstrich selbst herstellt. Über der Arbeitsplatte hängt ein Regal mit Tiegeln, Glasrührstäben, einem Mörser, Messbechern, einem Thermometer und einer Präzisionswaage. Neidisch betrachte ich die Arbeitsgeräte. Auch ich mache meine Cremes und Salben gern selbst, muss mich aber bei der Herstellung mit zusammengesuchten Kochutensilien begnügen.

Am Edelstahlkühlschrank ist mit einem Magneten ein Foto des Toten befestigt. Das Bild zeigt einen attraktiven Mann am Strand mit einem Surfbrett unterm Arm. Wenn ich allein gewesen wäre, hätte ich bei diesem Anblick anerkennend gepfiffen. Mir kommt ein Gedanke in den Sinn. Ob er außereheliche Affären hatte? Wie oft schon hatte eine betrogene Ehefrau ihren Mann beseitigt. Mord aus Eifersucht oder Rache. Ein klassischer Fall, der in sämtlichen Seminaren vorgestellt und besprochen wird. Ich kann manche der Frauen verstehen. Sollte ich Frank jemals bei einer Affäre erwischen, weiß ich nicht, wie ich reagieren würde. Vielleicht würde ich mir auch überlegen, ihn umzubringen?

Ich fixiere die Blondine, damit mir ihre Reaktion auf meine nächste Frage nicht entgeht. »Hatte ihr Mann ein Verhältnis?«

Empört starrt sie mich an. »Wie kommen Sie denn auf so eine absurde Idee? Er hatte kein Verhältnis. Er hat mich geliebt und ich habe ihn geliebt. Wir führten eine wundervolle Ehe.« Sie springt auf und läuft in der Küche umher. Krampfhaft umschließen ihre Finger den Kaffeebecher. Nervös huscht ihr Blick über die Anrichte und verharrt für einige Millisekunden auf dem Glas mit der selbstgemachten Marmelade.

Ich hebe beschwichtigend die Hände. »Regen Sie sich nicht auf. Das war nur so ein Gedanke. Wir müssen in alle Richtungen ermitteln.« Um sie ein wenig zu beruhigen, zeige ich aus dem Fenster auf das gepflegte Grundstück. Im vorderen Bereich blühen Pflanzen in unterschiedlichen Farben. Im hinteren Bereich befinden sich Gemüsebeete, Obstbäume und ein Kräuterbeet. »Einen hübschen Garten haben Sie«, bemerke ich anerkennend.

Sie wirkt augenblicklich entspannter. Ein verträumtes Lächeln erscheint auf ihrem Gesicht. »Ich liebe meinen Garten. Hier vorne ist unsere Wellnessoase, weiter hinten ist mein Nutzgarten. Wissen Sie, wenn man selbst Gemüse, Kräuter und Obst anbaut, kann man die Schadstoffe so gering wie möglich halten. Man weiß ja gar nicht mehr, was in dem gekauften Zeug alles drin steckt. Zurzeit verarbeite ich die

Quitten. Ich mache eine vorzügliche Marmelade. Ach, der Lars hat sie so geliebt.«

Immer noch wandert mein Blick durch den Garten. Auf der linken Seite vor einem Lattenzaun entdecke ich Johanniskraut, Ringelblumen, Passionsblumen, und dann reiße ich überrascht die Augen auf. Ich sehe die Blondine fest an und stoße hervor: »Sagen Sie mal, ist das etwa blauer Eisenhut, dort hinten am Zaun?« Als sie nickt, fahre ich fort: »Sie wissen schon, dass dies die giftigste Pflanze Europas ist? Egal, welchen Teil der Pflanze sie verwenden. Schon zwei Gramm davon können tödlich sein.«

Die Blondine schlägt sich die Hände vor den Mund. Kopfschüttelnd verneint sie meine Frage. Und doch ist mir das verräterische Zittern ihrer Finger nicht entgangen.

»Jetzt lass doch mal die blöden Blumen. Das gehört nun wirklich nicht hierher«, weist Frank mich unwirsch zurecht. Seine Zunge gleitet über seine Lippen, als er auf den Busen der Blondine starrt. Ich balle die Hände zu Fäusten. Plötzlich kommen mir die Gerüchte, die um meinen Mann kursieren, in den Sinn. Frank, der Schürzenjäger. Der Mann, der nichts anbrennen lässt. Befindet sich etwa ein Körnchen Wahrheit an dem Tratsch, den die Kollegen verbreiten? Mir fallen die unzähligen Abende ein, an denen ich pünktlich Feierabend gemacht hatte, um nach Hause zu hetzen und die Kinder zu versorgen, während er mit den

Kollegen zur Förderung seiner Karriere noch etwas trinken ging.

Mit brüchiger Stimme wendet die Blondine sich an Frank. »Was behauptet denn ihre Kollegin da? Will sie mir unterstellen, ich hätte meinem Mann etwas angetan? Mit einer Zierpflanze?« Sie lehnt mit dem Hintern an der schwarzen Arbeitsplatte und tupft sich mit dem Taschentuch vereinzelte Tränen aus den Augenwinkeln. »Wieso sagt sie, mein Mann wäre mir untreu gewesen? Sie kennt uns doch gar nicht. Wir haben uns geliebt.«

Beiläufig schiebt sie das Glas mit der Marmelade hinter den Brotkorb. Doch ich habe es bemerkt, und ich kann eins und eins zusammenzählen. Ich will Frank ein Zeichen geben, aber seine Augen kleben auf ihrem Körper. Jede ihrer Bewegungen verfolgt er mit leicht geöffnetem Mund und grinst sie dümmlich an. Ich schüttele fassungslos den Kopf. Wäre ich nicht hier, würde sie glatt mit der Sache durchkommen. Entschlossen erhebe ich mich. Die Frau lügt wie gedruckt. Es ist an der Zeit, sie mit der Wahrheit zu konfrontieren. Ihr an den Kopf zu werfen, dass sie ihren Mann mit der selbstgemachten Marmelade vergiftet hat. Wahrscheinlich wollte er sie verlassen. Sie wird ihren Widerstand nicht lange aufrecht erhalten. Sie wird zusammenbrechen, gestehen und unsere Arbeit ist damit beendet. Gerade, als ich zum vernichtenden Schlag ansetzen will, springt auch Frank auf, drängt mich unsanft zur Seite und stürzt sich auf die Blondine. Während er ihr beruhigend versichert, dass ihr Mann sicherlich treu war und die unsensible Kommissarin bereits mehrmals durch beleidigende Äußerungen aufgefallen ist, berührt er mit der Hand ihre Schulter.

Mir stockt der Atem. Es ist diese Bewegung, die ich neulich schon gesehen hatte, als ich in sein Büro ging, in dem er mit Laura eine Besprechung hatte. Und auf einmal wird mir einiges klar. Wie konnte ich nur so blind sein. Mir fallen die Kollegen ein, die seit kurzem betreten schweigen, sobald ich mich in die Gruppe geselle. Und Laura, die sich windet und vor Verlegenheit errötet, wenn ich sie anspreche. Ich schnappe nach Luft. Hitzewellen jagen durch meinen Körper. Ich würde am liebsten laut schreien vor Wut, um meine Enttäuschung in den Griff zu kriegen. Nur mühsam unterdrücke ich meine Gefühle.

»Wir bringen ihn weg.« Die Stimme dringt aus dem Flur durch meine Gedanken. Ich starre auf die Leiche und beobachte den Abtransport. Und ich stelle mir vor, nicht Lars läge in dem Sarg, sondern Frank. Er hat mich angelogen, getäuscht, betrogen, und ich habe es nicht bemerkt. Ich umklammere die Stuhllehne so fest, dass meine Fingerknöchel weiß hervor treten. Dabei sehe ich mir den Mann an, den ich gestern noch geliebt hatte. Mit gierigen Augen hängt er am Dekolleté der Blondine, während sie gekonnt mit ihren Reizen spielt und das Blaue vom Himmel herunter lügt. Er bemerkt es nicht einmal. Wenn ich an seiner Stelle befördert worden wäre, würde ich das Marmeladeglas nach Toxinen untersuchen lassen. Ich bin mir sicher, die Kollegen würden fündig werden. Aber leider bin ich nur die Kommissarin und leite die Ermittlungen nicht. Und der Herr Hauptkommissar scheint keinen klaren Gedanken mehr fassen zu können.

Stirnrunzelnd beobachte ich Frank, der nun den Arm um die Schultern der Blondine legt und sie behutsam zum Küchentisch führt. Während er sie sanft auf einen der Stühle drückt, versichert er ihr, dass sie ihn jederzeit anrufen darf. Ich verkneife mir einen bösen Kommentar. Stattdessen schlendere ich betont lässig zur Arbeitsplatte, hole das Marmeladenglas hinter dem Brotkorb hervor und lasse es in meiner Jackentasche verschwinden. Vielleicht werde ich meinem Ehemann morgen früh doch noch einmal die Brote bestreichen. Vermutlich freut er sich sogar über die selbstgemachte Marmelade der attraktiven Blondine.

Endstation

Hier bin ich nun also gelandet. Gestrandet in meinem letzten Domizil.

Sicher, ich habe diesen Herrn in meine Wohnung gelassen. Er war aber auch wirklich sehr freundlich. Alles geschah an einem Dienstag, das weiß ich ziemlich genau. Oder war es vielleicht doch ein Freitag?

Als es klingelte und ich die Tür öffnete, stand ein junger Mann im Hauseingang.

»Guten Tag.« Interessiert schaute er auf das Namensschild neben der Klingel. »Frau Peschmann?«, fragte er höflich.

Da Achim mir eingeschärft hatte, dass ich keine fremden Menschen hereinlassen durfte, schloss ich die Wohnungstür bis auf einen winzigen Spalt, durch den ich neugierig lauerte. Der Fremde sah sehr gut aus. Er trug einen dunklen Anzug, eine rote Krawatte und ein weißes Hemd. Sein blondes Haar war kurz geschnitten und seine Augen funkelten abenteuerlustig.

»Frau Peschmann.« Fröhlich wiederholte der Mann meinen Namen. »Es freut mich, dass ich Sie endlich kennenlernen darf. Ich habe schon viel von Ihnen gehört.«

»Von wem denn? Wer sind Sie?«

»Ich bin der Enkel von der Hilde Trauber.«

»Hilde?«

»Genau, meine Oma.«

»Hilde?« Ich kannte einst viele Menschen, doch die meisten Namen sind verschwunden.

Er nickte und sprach nun laut und deutlich, so als wäre ich taub. »Hilde Trauber. Sie war meine liebe Oma.«

Ratlos schüttelte ich den Kopf. »Ist sie…?«

»Meine Oma ist vor zwei Monaten gestorben. Plötzlich und unerwartet.« Er seufzte traurig, sodass mir beinahe das Herz brach. »Sie hat mir sehr viel von Ihnen erzählt. Sie waren ein wichtiger Mensch für meine Oma.«

Ich hatte immer noch keine Ahnung, wer Hilde sein könnte. Manchmal vergaß ich Dinge, aber das musste der nette junge Mann ja nicht wissen. Meine Gedanken schweiften in die Vergangenheit. Ich sah sie vor mir. Viele Frauen, die die Trümmer des Krieges beseitigten. »War sie vielleicht eine der anderen Frauen?«

»Genau, sie war dabei.« Er lachte erleichtert und reichte mir höflich die Hand. Dann klopfte er mit den Fingerspitzen auf seinen schwarzen Aktenkoffer. »Ich habe Fotos mitgebracht. Meine Oma hat sich immer gewünscht, dass Sie die Aufnahmen bekommen.«

Überrascht schnellten meine Augenbrauen in die Höhe. Bilder, er hatte Bilder dabei. Woher konnte er wissen, dass ich es liebe, mir Fotos anzuschauen? Bestimmt hatte seine Oma ihm das erzählt. Scheinbar kannte die Dame mich sehr gut. Begeistert bat ich ihn herein. Im Wohnzimmer öffnete er seinen Aktenkoffer und holte vergilbte Aufnahmen heraus, die er auf dem Tisch ausbreitete. Er tippte auf eine Frau, die in den Trümmern schuftete. Sie trug ein Kopftuch und hatte den Blick abgewandt, daher konnte ich ihr Gesicht leider nicht erkennen. »Das war meine Oma Hilde.« Er war so stolz und schaute mich erwartungsvoll an.

Was sollte ich denn tun? Ich konnte ihn doch nicht enttäuschen. Also behauptete ich: »Natürlich, das ist die Hilde. Jetzt erinnere ich mich. Es war eine schwere Zeit damals, aber wir haben uns alle gegenseitig so gut unterstützt, wie es eben ging.« Dann fiel mir auf, wie unhöflich ich war. Ich stützte mich auf meinen Gehstock und erhob mich: »Ich habe ihnen noch gar nichts angeboten. Möchten Sie einen Kaffee?«

Sofort sprang er auf. »Das kann ich doch machen.« Ohne meinen Protest zu beachten, verschwand er in der Küche.

Ich lehnte mich erschöpft in meinem Sessel zurück. Die Neuigkeiten, die Fotos, die Erinnerungen, das alles strengte mich sehr an. Es ist möglich, dass mir für einen kurzen Augenblick die Augen zugefallen waren, denn plötzlich hatte der Wohnzimmertisch sich in eine gedeckte Kaffeetafel verwandelt. Hildes Enkel füllte die Tassen, reichte mir den Zucker und legte sogar einen Keks auf den Unterteller. Ein wirklich höflicher junger Mann. Ich nippte an dem heißen Getränk und riss die Augen auf. »Sie kochen einen hervorragenden Kaffee«, stellte ich anerkennend fest.

»Ich habe lange Zeit bei Oma Hilde gewohnt.« Verschwörerisch beugte er sich zu mir herüber. »Ich bin zu ihr gezogen, nachdem sie einem Betrüger auf den Leim gegangen war. Ich musste sie beschützen. Sie werden es kaum glauben, aber Oma Hilde wurde bestohlen. Stellen Sie sich vor, ihr gesamtes Erspartes war weg.« Er schnippte mit den Fingern. »Alles weg, obwohl sie ihr Geld im Schlafzimmer unter der Matratze versteckt hatte.« Als er mir einen weiteren Kaffee einschenkte und mir einen Keks reichte, warnte er: »Vor Betrügern müssen Sie sich in Acht nehmen. Das müssen Sie mir versprechen. Meistens kommen sie mit einem Trick in die Wohnung. Oft sind sie zu zweit. Der eine lenkt das Opfer ab, während der andere die einzelnen Zimmer durchsucht.«

Ich winkte grinsend ab. »Das weiß ich schon lange. Der Achim sagt immer, ich soll mein Geld zur Bank bringen, denn in der Wohnung ist es nicht sicher.«

Hildes Enkel befeuchtete seine Lippen mit der Zungenspitze. »Der Achim ist sehr klug. Ich hoffe, Sie haben seinen Rat beherzigt und ihr Erspartes zur Bank gebracht?«

Ich zögerte mit der Antwort, denn eigentlich wollte ich den netten Mann nicht beschummeln, also schüttelte ich schließlich schuldbewusst den Kopf.

Doch anstatt mich zu rügen, lachte Hildes Enkel herzlich, sprang auf, kniete sich vor den Sessel, in dem ich saß und nahm meine Hände in seine. Zu meiner Erleichterung sagte er: »Davon muss der Achim nichts erfahren. Das ist unser Geheimnis.« Plötzlich veränderte sich sein Gesichtsausdruck und er riss entsetzt die Augen auf. »Sie haben ihr Erspartes hoffentlich nicht unter der Matratze im Schlafzimmer versteckt? Wissen Sie, da schauen die Betrüger als erstes nach.«

Es war rührend. Er war nervös, aufgeregt und sehr besorgt um meine Sicherheit und um mein Geld. Kein Wunder, da er doch erleben musste, dass seine Oma bestohlen worden war. Aber zum Glück gelang es mir, ihn zu beruhigen, denn ich zeigte ihm, dass mein Geld sicher in der Schublade unter dem Fernseher lag.

Wisst ihr noch, wie aufgebracht Achim war, als ich ihm beichtete, dass mein Erspartes verschwunden war? Er schäumte vor Wut, überhäufte mich mit Vorwürfen und verdächtigte sofort Hildes Enkel. Das war natürlich Unsinn. Wieso hätte der nette junge Mann mich bestehlen sollen? Er hätte mich nur um Geld bitten müssen, dann hätte ich ihm geholfen. Genauso wie wir den Achim damals finanziell unterstützt hatten, der Papa und ich.

Achim war immer sehr ehrgeizig. Schule, Studium, alles fiel ihm so leicht. Als er dreißig Jahre alt wurde, gründete er eine eigene Firma. Zwei Jahre lang lief sein Geschäft hervorragend. Wir hatten auch nichts anderes erwartet. Doch als er Bernd in die Firma holte, wendete sich das Blatt. Papa warnte ihn damals: »Das Risiko ist viel zu hoch. Sich jetzt schon zu vergrößern, das ist unvernünftig. Du brauchst mehr Kapital als Rücklage.«

Aber Achim wollte die Ratschläge seines Vaters nicht annehmen. »Ach, Papa. Was weißt du schon? Wenn wir jetzt expandieren, habe ich bald so viel Kapital, dass ich mich aus der Firma herausziehen kann.«

»Sei doch erst einmal mit dem zufrieden, was du bisher erreicht hast. Bernd macht dir die Firma kaputt.«

Mit einer unwirschen Handbewegung wischte Achim die Einwände beiseite. Er wusste ja schon immer alles besser. Doch natürlich geschah es genauso, wie Papa es vorhergesehen hatte. Achim und Bernd trafen die falschen Entscheidungen, das Geld wurde knapp, und nach kurzer Zeit stand die Firma vor dem Bankrott. Fast mittellos stand Achim schließlich vor uns. Er weinte und wusste nicht, wie er seine Familie in Zukunft ernähren sollte. Doch Papa und ich machten ihm keine Vorwürfe, sondern überlegten, wie wir ihm und seiner Familie helfen könnten. Wir besaßen ein Sparbuch, auf das wir monatlich Geld einbezahlten, denn Papa und ich hatten einen gemeinsamen Wunsch. Wir träumten von einer Kreuzfahrt im Mittelmeer. Die Wellen, die Weite, der Wind, das Schiff, Papa und ich. Da Achim das Ersparte im Moment dringender benötigte als wir, verschoben wir die Kreuzfahrt auf einen späteren Zeitpunkt. Im Laufe der Zeit erholte sich seine Firma, aber dann war Papa weg. Er war eingeschlafen und einfach nicht mehr aufgewacht. Mit ihm starb auch unser Traum. Trotzdem habe ich es nie bereut, dass wir beide sofort dazu bereit waren, dem Achim unser Erspartes zu überlassen.

Und nun bin ich hier gelandet. Gestrandet in meinem letzten Domizil.

Mein Blick wandert über das unvertraute Bett und bleibt an dem fremden Schrank hängen, in dem sich ein paar meiner persönlichen Dinge befinden. Die meisten Sachen durfte ich nicht mitbringen. Zu wenig Platz. Wenigstens mein Sessel, mein Sofa und mein Fernseher werden mich auf meinem letzten Weg begleiten.

Sicher, ich wurde mit dem Krankenwagen zur Notaufnahme gefahren. Ich hatte Bauchkrämpfe und mir war schrecklich übel. Wisst ihr noch, wie aufregend das war? Mitten in der Nacht wurde mir der Magen ausgepumpt. Der Arzt im Krankenhaus behauptete, die Ursache für meine Übelkeit wären die Medikamente gewesen, die ich in der Tablettenbox entdeckt hatte.

Ich hatte das Kästchen am Nachmittag gefunden. Anstatt auf dem Küchentisch lag es auf der Waschmaschine im Badezimmer. Ich weiß nicht, wer es dort versteckt hatte, aber ich hatte mich furchtbar erschrocken, denn am nächsten Tag war mein Termin beim Hausarzt.

Sofort sah ich den Doktor Beier in meinen Gedanken hinter seinem Schreibtisch sitzen und ungehalten schimpfen: »Frau Peschmann, so geht das aber nicht. Sie haben extra eine Tablettenbox bekommen. Es ist doch nicht schwer. Sie nehmen morgens, mittags und abends vor dem Essen die Tabletten aus dem Kästchen.«

Wenn ich seinen Anweisungen nicht folge, kann er sehr böse werden, der Herr Doktor. Was sollte ich denn tun? Ich schluckte die vergessenen Tabletten mit viel Wasser hinunter und das führte dazu, dass ich die nächsten Tage zur Beobachtung im Krankenhaus bleiben sollte.

Martin brachte mir diesen kleinen Koffer, den ich immer für den Notfall fertig gepackt hatte. Darin waren meine Kosmetikartikel, Unterwäsche, mein Morgenmantel, Nachthemden und ein Buch. Alles, was bei einem Krankenhausaufenthalt benötigt wird. Ich war mächtig stolz, als Martin das Zimmer mit einem riesigen Blumenstrauß betrat, den er extra für mich gekauft hatte.

Die Krankenschwester, die meinen Blutdruck kontrollierte, meinte zu ihm: »Sie haben ja Glück. Ihre Mutter ist noch richtig gut dabei. Und das in ihrem Alter.«

»Sie lebt sogar noch alleine in ihrer Wohnung.« Schwungvoll stellte Martin die Tasche auf mein Bett und öffnete sie, um den Inhalt im Schrank zu verstauen. Im nächsten Moment verzerrte sich sein hübsches Gesicht zur Grimasse. Ein erstickter Laut entwich seinem Mund und er rannte würgend zur Toilette.

Ich weiß auch nicht, wie die leeren Joghurtbecher in den Koffer gelangt waren. Natürlich gehört ein Hühnchen ins Tiefkühlfach. Keine Ahnung, was es in der Kosmetiktasche zu suchen hatte. Und den Blaubeerkuchen hatte ich bestimmt nicht zwischen meine Nachthemden gepackt. Warum sollte ich so etwas tun?

Nach einer Weile torkelte Martin zurück ins Zimmer. In der Zwischenzeit hatte die Schwester meinen schönen, kleinen Koffer entsorgt.

Martin schaute zu Boden und stammelte: »Es … tut mir … leid. Ich konnte … ja nicht … ahnen. War das ekelig. Ich wusste … doch nicht …«

»Herr Peschmann, beruhigen Sie sich. Sie können ja nichts dafür.«

Fassungslos schüttelte Martin den Kopf: »Sie ahnen nicht, wie sehr ich mich schäme. Auf mich wirkte meine Mutter ausgesprochen rüstig und selbstbewusst. Vielleicht kann sie längst nicht mehr alleine wohnen?«

»Herr Peschmann, das klären wir alles später. Jetzt ist es erst einmal wichtig, dass es ihrer Mutter wieder gut geht.«

Die Krankenschwester erhob die Stimme: »Nicht wahr, Frau Peschmann? Erst einmal werden wir gesund.«

»Ich weiß nicht, was ich sagen soll. Die ganze Situation ist mir unglaublich peinlich. Ich werde sofort mit meinen Geschwistern darüber sprechen, wie es nun weitergehen soll.« Beschämt, mit hängenden Schultern und gesenktem Kopf verließ Martin das Zimmer. Er vergaß sogar, sich von mir zu verabschieden.

Papa und ich, wir haben das Zimmer damals nicht verlassen, als wir diese Talkshow anschauten, in der Martin als Überraschungsgast auftrat. Natürlich hatte ich zuvor alle Nachbarn und Freunde über den genauen Sendetermin informiert. Mehrmals. Ich gebe zu, ich hatte damit geprahlt, dass Martin im Fernsehgerät erscheinen wird. Sogar beim Bäcker und beim Metzger gab ich mit seiner Schauspielkarriere an.

Als die Sendung begann, rieb ich erwartungsvoll meine Hände, wobei ich Martin beobachtete, der mit mehreren Menschen, die mir fremd waren, in einer Stuhlreihe saß. Etwas irritierend fand ich, dass es in der Talkshow um das Thema Untreue ging. Papa und ich schauten uns unbehaglich an, als auch Monika, unsere Schwiegertochter, auf der Bühne erschien. Spätestens da ahnten wir, dass Martins Fernsehauftritt nicht so verlaufen würde, wie wir ihn uns vorgestellt hatten. Aber das, was dann folgte, übertraf unsere schlimmsten Befürchtungen. Erstaunt rissen wir die Augen auf, als ein Mann vor Martin auf die Knie fiel und ihm seine Liebe gestand. Mit offenen Mündern lauschten wir den Worten des Fremden, der nicht länger ein verborgenes Verhältnis sein wollte und der nun eine Entscheidung von Martin verlangte. Mitleidig betrachteten wir Monika, die von zwei Sicherheitsleuten daran gehindert wurde, sich auf den knienden Mann zu stürzen. Sie hatte von alledem bisher nichts geahnt und war wohl genauso verwirrt wie wir. Papa und ich hörten das Publikum toben und grölen. Es unterstützte den fremden Mann und forderte Martin lautstark auf, sich von seiner Frau zu trennen. Monika rannte hemmungslos schluchzend aus dem Studio. Der Moderator grinste breit, schon freute er sich über hohe Einschaltquoten. Fröhlich heizte er das Publikum an und setzte Martin unter Druck. Und während Papa und ich immer noch versuchten zu begreifen, was sich dort vor unseren Augen abspielte, entschied Martin sich für eine Zukunft mit dem Mann.

Erschüttert starrten Papa und ich auf den Fernseher. Vor Schreck konnten wir uns gar nicht bewegen. Nicht einmal anschauen mochten wir uns. Uns gefiel Martins

Verhalten überhaupt nicht, denn unserer Ansicht nach sollten private Dinge nicht vor einem Publikum ausdiskutiert werden. Es war kaum verwunderlich, dass die ersten hämischen Anrufe bereits kurz nach der Show kamen.

»Na, wie geht´s dem Fernsehstar?«

»Tolle Sendung, mal ganz was anderes.«

»Wann ist denn der nächste Auftritt vom Martin?«

Es war eine schwierige Zeit, die folgte, denn wir wurden angefeindet, verhöhnt, verspottet oder, wenn wir Glück hatten, nur milde belächelt. Aber die Reaktionen der anderen Menschen waren uns gleichgültig. Wir sind nicht weggelaufen und haben uns auch nicht für Martins Neigungen geschämt. Warum auch? Stattdessen gingen wir hoch aufgerichtet mit vorgestrecktem Kinn unseren Beschäftigungen nach. Wir zeigten den Freunden, den Nachbarn und der Welt, dass Martin ein Teil unserer Familie ist und dass wir uneingeschränkt hinter seiner Entscheidung stehen.

Und nun bin ich hier gelandet. Gestrandet in meinem letzten Domizil.

Mein Blick wandert zur Terrassentür, die in einen parkähnlichen Garten führt. Gestern habe ich mir das Gelände angeschaut. Ihr werdet es nicht glauben, aber auf der Rasenfläche standen blaue Schafe. Als ich sie entfernen wollte, erklärte mir ein Pfleger, dass dies Kunstobjekte seien. Könnt ihr euch das vorstellen?

Blaue Schafe. Der Pfleger führte mich von den Schafen weg und zeigte mir stattdessen ein Auto, in das ich mich setzen durfte. Ich fauchte ihn böse an, denn was soll ich in einem Auto ohne Papa? Ich habe doch gar keinen Führerschein. Als der Pfleger beleidigt verschwand, suchte ich unsere Lieblingsbank. Ihr kennt sie doch? Papas und meine Holzbank, die im Park am Weiher steht? Ich konnte sie nicht finden. Sie war weg. Ich lief durch den Park, wurde immer schneller, rannte schließlich. Jemand hatte die Bank gestohlen. Ich war sehr aufgebracht, ich tobte und schrie die Leute an, die mich zuerst verwirrt anstarrten und dann mit den Fingern auf mich zeigten. Sie verstanden mich nicht, so als würde ich eine andere Sprache sprechen. Wütend stapfte ich davon, um Papa zu holen, aber unser Haus war auch verschwunden. Auf einmal war alles fremd. Als ich keuchend nach Luft schnappte, brachte ein Mann mich in dieses Zimmer und zeigte mir meinen Sessel, mein Sofa und meinen Fernseher, sodass ich mich ein wenig beruhigte.

Ach, ich gebe es zu, manchmal fällt es mir schwer, mich zu orientieren. Aber glaubt ihr wirklich, ich finde mich im Leben nicht mehr zurecht, nur wegen des nächtlichen Ausflugs im November? Oder war es im Februar?

Auf jeden Fall war es sehr dunkel, als ich erwachte, daher knipste ich das Licht an und bemerkte sofort, dass Papa nicht neben mir im Bett lag. Ihr wisst doch noch, wie Papa damals war? Er ging sehr gern spazieren und manchmal hatte er Schwierigkeiten, den Rückweg zu finden. Da ich damals auf meine Rufe keine Antwort erhielt und ihn in der Wohnung nirgends fand, machte ich mich auf den Weg, um ihn zu suchen. Im Park ruhte ich mich für einen kurzen Augenblick auf unserer Lieblingsbank aus. Ich muss wohl eingenickt sein, denn als ich erwachte, waren meine Glieder ganz steif von der Kälte. Während ich krampfhaft überlegte, was ich in der Dunkelheit im Park gewollt hatte, fiel mir siedend heiß ein, dass ich rasch nach Hause musste, da Papa bestimmt auf mich warten würde. Auf dem weiten Weg musste ich mehrmals innehalten, um zu verschnaufen. Als ich endlich erschöpft und durstig unser Haus erreichte, funktionierte der Haustürschlüssel nicht. Ich versuchte es mit Geduld, gutem Zureden, schimpfen, sogar mit Gewalt, so lange, bis die Tür sich schwungvoll öffnete und ein verschlafen aussehender Mann im Pyjama im schwach erleuchteten Flur stand. In den Händen hielt er einen Baseballschläger.

Entsetzt riss er die Augen auf. »Oh nein. Nicht schon wieder Sie.« Er ließ den Schläger sinken und rief ins Haus hinein: »Bettina, es ist dein nächtlicher Besuch!«

Eine junge Frau erschien lächelnd im Flur. Mit sanfter Stimme bat sie mich herein und führte mich zu einem Sessel im Wohnzimmer. Dort legte sie eine Decke über meine Schultern und stülpte dicke Wollsocken über meine roten Füße.

Natürlich war ich irritiert über die fremden Menschen in unserem Haus, aber ich ließ mir nichts anmerken. Ihr wisst doch noch, wie oft Papa mich überrascht hatte? Ich war mir sicher, dass er die Sache in den nächsten Minuten aufklären würde.

»Ich koche uns einen heißen Tee«, flötete die Frau. »Ich weiß, dass sie am liebsten Lindenblütentee trinken. Und Hunger werden Sie haben. Wie wäre es mit ein paar Keksen?« Mitfühlend ergriff sie meine Hand. »Bestimmt waren Sie die halbe Nacht unterwegs, um hierher zu kommen.«

Kaum war sie in der Küche verschwunden, da erhob ich mich und schlurfte müde zur Treppe. »Ich sehe rasch nach den Kindern!«, rief ich ihr zu.

Doch bevor mein Fuß die erste Stufe berührte, stürmte sie herbei, hakte mich unter und führte mich zurück zum Sessel. Dabei redete sie beruhigend auf mich ein. »Sie setzen sich am besten wieder hin. Sie sind ja völlig erschöpft. Die Kinder schlafen tief und fest. Wir sollten sie nicht wecken. Gleich ist der Tee fertig. Es wird Ihnen gut tun, etwas Warmes zu trinken. Nehmen Sie sich doch einen Keks.«

Im Flur schien der Mann zu telefonieren. Ich hatte ihn nicht belauscht, denn ich weiß, wie unhöflich das ist, aber er sprach so laut, dass ich einzelne Wortfetzen verstehen konnte.

»Schon wieder hier … in diesem Monat das dritte Mal … immer nachts … tagsüber arbeiten … brauche … Schlaf … geht nicht so weiter … abholen … bis gleich.« Sein Kopf erschien im Türrahmen. »Ihre Tochter holt Sie in ein paar Minuten mit dem Auto ab. Ich gehe schlafen.«

Ich prustete los und schlug mir beide Hände vor den Mund. »Wie soll denn die Anna mit einem Auto fahren? Sie ist doch erst fünf.«

»Ach ja«, lenkte der merkwürdige Mann müde ein, »das hatte ich ganz vergessen.«

Als Anna mich später von meinem nächtlichen Ausflug in Empfang nahm, überschüttete sie mich mit aufgebrachten Worten: »Mama, wie siehst du denn aus? Du kannst nicht mitten in der Nacht bei dieser Kälte nur im Nachthemd draußen herum laufen. Wo sind deine Schuhe? Bist du etwa die ganze Strecke barfuß gelaufen? Außerdem hast du schon wieder die Leute belästigt. Du und Papa, ihr habt dieses Haus vor fünfzehn Jahren verkauft. Ich will dich hier nicht mehrmals im Monat nachts abholen. So kann es einfach nicht weitergehen. Es wird höchste Zeit, dass wir etwas dagegen unternehmen.«

Unternehmen mussten Papa und ich damals auch etwas, aber das war gar nicht so einfach. Es war eine schreckliche Geschichte.

Endstation

Als Anna siebzehn Jahre alt war, verliebte sie sich in diesen ungepflegten Mann, der beinahe doppelt so alt war wie sie selbst. Uns waren die Hände gebunden. Weder unsere vernünftigen Argumente, noch unsere aufgestellten Verbote, die sie konsequent missachtete, konnten etwas ausrichten.

»Ich liebe ihn«, entgegnete sie uns stets. »Und er liebt mich. Er wird für mich einen Entzug machen. Das hat er versprochen.«

Sorgenvoll beobachteten Papa und ich, wie Anna sich veränderte. Jede freie Minute verbrachte sie mit diesem Kerl. Sie schwänzte die Schule, ging nicht mehr mit ihren Freundinnen aus und gab sogar ihr geliebtes Hobby, das Klavierspielen, auf. Wir spürten, dass sie unglücklich war, denn unser einst so fröhliches Mädchen lachte nur noch selten. Wir versuchten mit allen Mitteln, sie von diesem Mann zu trennen, erreichten aber nur, dass sie ihre Sachen packte und zu ihm zog. Gleichzeitig brach sie den Kontakt zu uns ab.

Uh, das hat dem Papa sehr, sehr wehgetan.

Monate später sah ich Anna zufällig in der Stadt. Sie sah furchtbar aus. Blass, dürr und ungepflegt. In der Fußgängerzone bettelte sie fremde Menschen um Geld an. Behutsam versuchte ich, mit ihr zu reden. Aber sie behandelte mich wie eine Fremde. Nicht einmal in ein Café wollte sie sich von mir einladen lassen. Nur als ich ihr ein paar Geldscheine entgegenstreckte, entlockte ich ihrem Gesicht ein müdes Lächeln, bevor sie sich umdrehte und davon schlurfte.

Als Anna ein Jahr verschwunden war, bekamen wir überraschend eine Karte aus Portugal. Es stand nur ein Satz darauf: »Mama, Papa, es tut mir leid.«

Erinnert ihr euch an die Zeit? Papa und ich liefen herum wie Schreckgespenster. Die Angst um Anna fraß uns beinahe auf. Wir zermarterten uns die Köpfe und fanden doch keine Lösung. Was konnten wir unternehmen? Wie sollten wir Anna finden? Wochenlang wälzten wir uns schlaflos in unseren Betten, bis endlich eines Nachts der erlösende Anruf kam.

Anna weinte: »Bitte, Mama. Holt mich ab.«

Papa und ich sprangen sofort ins Auto. Papa fuhr so schnell, dass wir schon nach einer Stunde den Bahnhof erreichten. Anna stand allein auf dem zugigen Bahnsteig. Sie sah erbärmlich aus. Ihr Haar war stumpf und verfilzt. Sie trug einem Pyjama, Hausschuhe und einen viel zu großen Mantel. Gepäck besaß sie nicht. Stinkend und verwahrlost wie sie war, drückte ich sie fest an mich. Ich lauschte ihrem verzweifelten Gestammel, küsste und tröstete sie. Papa versprach ihr, dass alles gut werden würde. Wir haben ihr keine Vorwürfe gemacht, denn wir waren glücklich und grenzenlos erleichtert darüber, dass wir Anna wohlbehalten in unseren Armen halten konnten.

Endstation

Nun bin ich hier gelandet. Gestrandet in meinem letzten Domizil.

Ich hocke in diesem fremden Zimmer auf meinem Sessel. Viel ist mir nicht geblieben, denn die meisten Sachen durfte ich nicht mitbringen.

Ihr drei seid jetzt erwachsen und habt eure eigenen Familien. Meine Unterstützung und Geborgenheit braucht ihr nicht mehr.

Ihr sitzt mir auf meinem alten Sofa gegenüber. Achim, Martin und Anna. Meine Kinder. Es ist eure Entscheidung, dass ich in diesem Augenblick hier bin.

Meinen Lebensabend soll ich in einem Haus mit mir unbekannten Menschen verbringen. Das Alter ist unsere einzige Gemeinsamkeit.

Ich hatte so gehofft, dass ihr eine andere Lösung für mich finden würdet. Aber ihr habt gehandelt, ohne mich mit einzubeziehen, ohne gemeinsam mit mir nach Alternativen zu suchen.

Und nun sitzt ihr da. Schweigend. Ihr schaut betreten zu Boden und habt nicht den Mut, mir in die Augen zu sehen, denn ihr könnt meinen verletzten Blick nicht ertragen.

Die Überraschung

»Ich habe mein Fahrrad an den Meistbietenden verkauft.« Mit einem breiten Grinsen im Gesicht legt Petra den Zweihunderteuroschein vor Jonas auf den hellen Holztisch. Dort leuchtet er umgeben von schwarzen Kaffeebechern und Frühstückstellern in gelben und braunen Tönen. Über die dunklen Umrisse von Europa spannt sich eine gebogene Eisenbahnbrücke. Unter diese Brücke hat jemand mit Kugelschreiber ein baumelndes Strichmännlein gemalt. Mit großen Kulleraugen sieht es seinen Betrachter an. Die Hände zerren an dem Seil, das um seinen Hals geschlungen ist. Den Mund hat es zu einem stummen Schrei geöffnet.

Jonas und Petra strahlen sich an, denn seit er seine gut bezahlte Arbeit gegen eine andere eintauschen musste, verirrt sich nur selten ein so wertvoller Schein in ihrer Wohnung.

»Weißt du denn schon, was du dir von dem Geld kaufen willst?«

Betont gleichgültig zuckt Petra mit den Schultern. Sie greift nach der Kaffeetasse und genehmigt sich einen Schluck des Getränks. Dabei hofft sie, dass Jonas nicht bemerkt, wie es in ihr brodelt. Sie könnte lachen, tanzen, ihn umarmen, denn natürlich hat sie längst einen Plan.

Vor drei Wochen hatte Jonas ihr eröffnet, dass in diesem Jahr der Urlaub aufgrund ihrer finanziellen Situation ausfallen müsse. Er wirkte so zerknirscht und traurig, dass sie spontan beschloss, ihr Fahrrad zu verkaufen, um selbst für einen Ersatzurlaub zu sorgen.

Stirnrunzelnd reibt Jonas den Schein zwischen seinen Fingern. »Das Papier fühlt sich irgendwie komisch an.« Als er ihn prüfend ins Licht hält, stößt er hervor: »Der hat ja gar kein Wasserzeichen.«

»Was? Das kann nicht wahr sein.« Ungläubig starrt Petra auf das wertlose Papier. »Der Typ hat mich beschissen.« Schon schießen ihr Tränen der Empörung in die Augen.

Jonas nimmt sie tröstend in die Arme und drückt sie fest an sich: »Vielleicht hättest du das Fahrrad doch besser zu Ulla bringen sollen.«

Petras Halsschlagader beginnt zu pochen, wie immer, wenn Jonas seine ehemalige Lebensgefährtin erwähnt.

Seit einigen Monaten bietet Ulla ihren Freunden an, deren Sachen gegen einen kleinen Obolus im Internet zu versteigern. Sie behauptet, dass sich ihr Keller in ein riesiges Warenlager verwandelt hat, denn das Unternehmen sei eine Goldgrube. Neuerdings bezeichnet sie sich als erfolgreiche Geschäftsfrau. Petra findet, dass Ulla herablassend auf alle blickt, die kein dickes Bankkonto vorweisen können. Und außerdem glaubt sie, dass Ulla immer noch ein Auge auf Jonas geworfen hat.

»Ich kann meine Sachen selbst verkaufen«, braust sie auf.

Jonas hebt beschwichtigend die Hände und seufzt: »Du musst den Schein zur Bank bringen. Du machst dich strafbar, wenn du mit Falschgeld bezahlst. Besser das Ding ist nicht bei uns im Haus.«

»Aber wenn ich nicht weiß, dass der Schein nicht echt ist, dann ist es nicht strafbar. Ich könnte …«

»Du weißt es aber«, fällt Jonas ihr ins Wort. Eindringlich fügt er hinzu: »Bring´ das Geld zur Bank.«

Am Nachmittag betritt Petra die Volksbank und reiht sich in die wartende Schlange an der Kasse ein. Nachdenklich kaut sie auf ihrer Unterlippe. Jonas hat natürlich Recht. Es ist ihre Pflicht, das Falschgeld am Schalter abzugeben.

Aber genau diese zweihundert Euro braucht sie für die Überraschung, die sie sich für Jonas ausgedacht hatte. Denn sie wollte den alten Strandkorb aus der Garage holen, ihn abschrubben und mit einem sauberen Stoff beziehen, um ihn dann neben einen nigelnagelneuen Pool im Garten aufzustellen. Anstatt irgendwo im Süden am Strand zwischen vielen Urlaubern in der Hitze zu schmoren, werden Jonas und sie sich friedlich in den Strandkorb kuscheln. Sie werden Cocktails schlürfen, die Ruhe genießen und sich im eigenen Pool abkühlen.

Die Schlange vor dem Bankschalter bewegt sich zwei Schritte vorwärts. In Gedanken versunken betrachtet Petra das verschlungene Muster im grauen Teppich. Wenn sie das Geld jetzt abgibt, erhält sie keine Belohnung, keine Anerkennung für ihre Gesetzestreue, keinen Pool, keine Überraschung für Jonas ... einfach nichts. Und nun stehen nur noch drei Kunden vor ihr, dann ist sie an der Reihe und um zweihundert Euro ärmer. Nachdenklich runzelt sie die Stirn. Sie ist keine Betrügerin, aber wenn sie im Supermarkt eine Kleinigkeit mit dem Schein kaufen und nur einen winzigen Moment vergessen würde, dass er gefälscht ist, dann könnte sie das Wechselgeld dazu verwenden, die Überraschung für Jonas vorzubereiten. Er würde nie etwas davon erfahren. Entschlossen schert sie aus der Schlange aus und schlendert mit einem flauen Gefühl im Magen zum Ausgang der Bankfiliale.

Im Supermarkt läuft sie unschlüssig durch die langen Regalreihen. Sie kann sich nicht entscheiden, welchen Artikel sie nehmen soll. Schon jetzt quälen sie Gewissensbisse. Ihr Blick wandert durch den Verkaufsraum.

Das Mädchen an Kasse Vier erweckt den Anschein, als hätte sie erst vor kurzem ihre Ausbildung beendet. Sie würde bestimmt nicht bemerken, dass der Schein gefälscht ist. Petra wischt sich die feuchten Handflächen an der Hose ab. Soll sie es wirklich wagen? Sie atmet mehrmals tief durch, dann greift sie wahllos nach einem Päckchen Kaugummi und stellt sich hinter eine Frau, die ihre Waren auf dem Band sortiert. Immer wieder wirft sie verstohlene Blicke über ihre Schulter, um bekannte Gesichter frühzeitig zu entdecken.

»Sechsundvierzig Euro und achtzig Cent«, fordert die Kassiererin von der Kundin, die vor ihr steht und schiebt den erhaltenen Fünfziger routiniert in ein Geldscheinprüfgerät.

Entsetzt reißt Petra die Augen auf. Ihr Atem beschleunigt sich. Das Päckchen Kaugummi entgleitet ihr und fällt auf das Laufband. Das Geldscheinprüfgerät hatte sie völlig vergessen. Hastig sieht sie sich im Kassenbereich um. Die meisten Kunden scheinen in Gedanken versunken zu sein und bemerken ihren panischen Blick nicht, aber der Mitarbeiter von Kasse Drei schaut interessiert herüber. Schwer atmend stopft sie die zweihundert Euro in ihre Hosentasche, während das junge Mädchen die Packung Kaugummi scannt. Ungeduldig klopft Petra auf ihre Jacke und spitzt die Ohren, in der Hoffnung, das erwartete Klimpern zu hören. Jonas macht sich häufig darüber lustig, dass sie das Kleingeld für den Parkautomaten lose in ihren Taschen trägt. »Geldwäsche«, nennt er es, wenn er wieder einmal die Münzen aus der Wäschetrommel angelt.

Die Kassiererin räuspert sich: »Haben Sie kein Geld dabei?«

»Ich hab's gleich«, murmelt Petra, wobei sie hastig die Vordertaschen ihrer Jeans durchsucht. Derweil klopft das junge Mädchen einen unbekannten Rhythmus auf die Schublade der Kasse.

»Ich hab's gleich«, wiederholt Petra und tastet die Gesäßtaschen ab. Sie atmet erleichtert auf, als ihre Finger ein vergessenes Geldstück ertasten. Mit hochrotem Kopf bezahlt sie das Kaugummi und verlässt schleunigst den Supermarkt.

Was ist nur los mit ihr? Sie wollte doch nicht ernsthaft ein junges Mädchen hintergehen? Petra steht im strahlenden Sonnenschein auf dem Supermarktparkplatz und schüttelt über ihr eigenes Verhalten fassungslos den Kopf. Streng ruft sie sich selbst zur Ordnung. Sie ist doch keine Betrügerin! Sie wurde beim Verkauf ihres Fahrrads übers Ohr gehauen, aber dies ist kein Grund, selbst wie eine Kriminelle zu handeln. Entschlossen schlängelt sie sich durch die abgestellten Autos. Sie beschließt, im Drogeriemarkt einen Bilderrahmen zu kaufen und den gelbbraunen Schein mit dem Strichmännlein einzurahmen.

»Petra!« Eine Hand mit beringten Fingern winkt ihr aus dem Fenster eines roten Cabriolets zu. Petra stöhnt leise, als Ulla aus dem Wagen steigt und ihr den Weg versperrt. »Heute morgen habe ich den Jonas getroffen. Wir haben zusammen Kaffee getrunken und uns super nett unterhalten. Er hat mir erzählt, dass du deine Sachen jetzt selbst im Internet verkaufst?«

Petra nickt: »Es ist gar nicht so kompliziert, wie du immer behauptest.«

Ulla lacht, ohne dass die Fröhlichkeit ihre Augen erreicht. Spielerisch droht sie mit dem Zeigefinger: »Mach´ mir nicht mein Geschäft kaputt. Unseren Freundeskreis, den bediene ich.«

Petra zuckt gleichgültig mit den Schultern. »Das kannst du machen. Aber meine Geschäfte erledige ich lieber selbst.«

Ulla presst die Lippen aufeinander, während sie sich ins Auto beugt, um die Tasche vom Beifahrersitz zu angeln. Als sie sich aufrichtet, rät sie: »Pass bloß auf. Man braucht einiges an Erfahrung, um in diesem Geschäft erfolgreich zu sein. Im Internet tummeln sich viele Betrüger.«

»Das ist für mich überhaupt kein Problem. Ich bin vorsichtig.«

»Ach, weißt du, wenn man nur mit kleinen Beträgen zu tun hat, ist es sicherlich einfach, aber in meinem Unternehmen wechseln große Summen den Besitzer, da muss man sehr wachsam sein.«

Ullas hochnäsiges Verhalten ärgert Petra maßlos. Kurzerhand verabschiedet sie sich. Als sie sich abwendet, behauptet Ulla selbstgefällig: »Ich mache seit einigen Monaten Geschäfte im Internet und ich wurde noch nie betrogen. Ehrlich gesagt, glaube ich nicht, dass dir das gelingt. Nimm´s mir nicht übel, aber du bist einfach zu gutgläubig.«

Petra ballt die Hände zu Fäusten. Mit einem wütenden Funkeln in den Augen dreht sie sich um. »Jetzt hätte ich es beinahe vergessen …« Sie schlägt sich mit der Handfläche an die Stirn. »Könntest du mir einen Zweihunderteuroschein wechseln? Dann muss ich nicht zur Bank laufen. Ich brauche dringend ein paar kleine Scheine.«

Vertrauensvoll zückt Ulla ihr Portemonnaie und antwortet: »Natürlich.«

In der Eisdiele gönnt Petra sich einen Bananensplit und beobachtet zufrieden die vorbeiziehenden Leute. Gleich wird sie den Strandkorb aus der Garage in den Garten schleppen und dann besorgt sie den Pool. Voller Vorfreude auf Jonas entzücktes Gesicht reibt sie sich die Hände und macht sich beschwingt auf den Heimweg. Zu Hause bleibt sie sprachlos im Kücheneingang stehen. Rote Rosen stehen auf dem Tisch, daneben ein strahlender Jonas.

»Hast du das Geld zur Bank gebracht?«, fragt er fröhlich.

»Selbstverständlich«, antwortet sie und kreuzt wegen der Unwahrheit die Finger hinter ihrem Rücken.

»Überraschung!«, ruft Jonas aufgeregt und reicht ihr einen Zweihunderteuroschein. Dann sprudelt es aus ihm heraus: »Du warst so traurig heute Morgen. Ich wollte dich unbedingt aufmuntern. Also habe ich die Garage ausgemistet. Erinnerst du dich an den alten Strandkorb, den wir seit Jahren nicht benutzt haben. Ich habe ihn in Ullas Lager gebracht und sie hat mir einen richtig guten Preis gemacht. Sie hat mir zweihundert Euro für das alte Ding gegeben.«

Petra schwankt. Sie hat das Gefühl ohnmächtig zu werden, sodass sie sich mit einer Hand am Küchenstuhl festhalten muss. Mit der anderen dreht sie den Geldschein langsam um. Über den Umrissen von Europa ist eine Eisenbahnbrücke abgebildet. Zwischen den Pfeilern baumelt das Strichmännlein. Seine Hände zerren an dem Seil um seinen Hals, und seine großen Kulleraugen funkeln Petra spöttisch an.

Drei Worte

Lange hatte ich darüber nachgedacht, wann, wie und ob ich ihm die Worte anvertraue. Ich hatte sogar eine Tabelle erstellt, in der ich die Punkte für und gegen mein Vorhaben auflistete. Dafür sprach, dass ich ihn liebe. Für die Gegenargumente reichte der Platz auf dem Blatt nicht aus. Als es zu viele wurden und die Vernunft begann, die Überhand zu gewinnen, zerknüllte ich das Papier, warf es in hohem Bogen in den Papierkorb und rief ihn an, um ein Treffen zu verabreden. Mit feuchten Händen presste ich das Handy an mein Ohr. Ich musste nicht lange warten, denn wie immer meldete er sich schon nach dem ersten Freizeichen. Als ich ihm mein Anliegen umständlich erklärt hatte, stöhnte er:

»Ich habe im Moment schrecklich viel zu tun. Warum willst du mich unbedingt heute sehen? Können wir das nicht am Telefon klären? Hör zu: Wenn du mir das nur persönlich sagen kannst, dann treffen wir uns eben in meiner Mittagspause. Aber ich habe wirklich nicht viel Zeit.«

Nach dem Telefonat lief ich unruhig in meiner Wohnung auf und ab. Seine Stimme hatte anders geklungen. War er ungeduldig, nervös oder aufgeregt? Ahnte er bereits, was ich ihm zuflüstern wollte?

Wochenlang hatte ich die drei Worte vor dem Spiegel geübt. Mit einem gekonnten Augenaufschlag, leicht schräg gelegtem Kopf und nach außen gestülpten Lippen. Dabei verstellte ich meine Stimme so lange, bis sie unwiderstehlich verführerisch klang.

Vor einigen Minuten fand meine Generalprobe im zweiten Stock des Kaufhauses statt. In der Umkleidekabine vor dem großen Spiegel übte ich ein letztes Mal. Ich war begeistert. Es sah unglaublich erotisch aus. Der Typ, der vor der Kabine saß, um auf seine Frau zu warten, lächelte mich süffisant an, als ich mit hoch erhobenen Kopf an ihm vorbei stolzierte. Natürlich ignorierte ich seinen unverschämten Pfiff, denn für mich gibt es nur einen Mann und gleich werde ich die drei Worte zu ihm sagen.

Nun fahre ich mit der Rolltreppe nach unten und summe leise unser Lieblingslied. Ich weiß, dass er nicht viel Zeit haben wird, aber lange brauche ich sowieso nicht, um die Worte auszusprechen. Drei Sekunden, höchstens vier. Und wer weiß schon, was danach geschieht? Vielleicht schenkt er mir nach meinem

Geständnis eine ganze Stunde? Vielleicht sogar ein ganzes Leben?

Als ich das Kaufhaus verlasse, schaue ich hinauf in den wolkenlosen Himmel. Die Sonne strahlt mich an und ich strahle zurück. Beschwingt laufe ich über den Parkplatz und schwenke die Kaufhaustüte, in der meine neuen Errungenschaften schlummern, vor und zurück. Mir gehört nun ein schwarzer String Tanga aus Leder. Zusätzlich besitze ich seit einigen Minuten ein Paar Strapse und schwarze, glänzende High Heels. Ich bin gut vorbereitet, sozusagen perfekt ausgerüstet für alle Eventualitäten. Ich ziehe den gekauften Cowboyhut auf und fühlte mich großartig.

Am Ausgang des Parkplatzes wandert mein Blick die Straße hinauf. Und dort sehe ich ihn. Er beugt sich über die Motorhaube seines Autos, um einen Zettel zu entfernen, der unter dem Scheibenwischer klemmt. Mein Puls schnellt in die Höhe. Mein Herz schlägt Kapriolen. Die enge schwarze Lederhose, die seinen Hintern so vorteilhaft zur Geltung bringt, verwandelt meine Beine augenblicklich in Gummi. Wie angewurzelt bleibe ich mitten auf dem Gehweg stehen.

»Kai«, rufe ich ihm zu, wobei ich die Hand zum Gruß erhebe.

Er dreht sich um, dann schlendert er lässig herbei. »Warum willst du mich so dringend sprechen? Gerade heute, wo ich so wenig Zeit habe. Auf dem Schreibtisch stapelt sich die Arbeit und gegen Abend muss ich mit Irene ins Theater. Sie besteht darauf. Die Karten haben ein Vermögen gekostet. Du weißt ja, wie sie ist.«

Ich ziehe den Cowboyhut tiefer ins Gesicht, sodass er mein Stirnrunzeln nicht bemerkt. Mit mir geht Kai zum Fußball, manchmal auch ins Kino, aber niemals ins Theater, obwohl ich meine Liebe zum Schauspiel nie vor ihm verborgen hatte.

Ich schlucke den Anflug von Ärger hinunter und öffne den Mund, um einen verständnisvollen Kommentar zum Besten zu geben, aber Kai fällt mir erschrocken ins Wort: »Kannst du etwa morgen nicht?“

Ich winke beruhigend ab. Natürlich habe ich morgen Zeit. Die Verabredungen mit Kai sind mir heilig. Seit Jahren gehen er und ich an jedem zweiten Samstag im Monat aus, denn schließlich sind wir »Beste Freunde«. Gemeinsam ziehen wir durch die Kneipen und tauchen ins Nachtleben ein. Kai erzählt mir von seiner Frau und den Kindern und ich schmachte ihn an und versuche, meine Gefühle zu verbergen. Ich erfinde abenteuerliche Geschichten von Liebschaften, die es nie gab. Und wenn er kumpelhaft den Arm um meine Schultern legt und mich um mein Single-Dasein beneidet, dann erwachen die Schmetterlinge in meinem Bauch aus ihrem Schlaf und ich strahle vor Glück.

Bestürzt bemerke ich, dass Kai verstohlen auf seine Armbanduhr schaut. Lange wird er nicht mehr bleiben. Die Worte. Ich muss ihm die Worte sagen.

»Ich …«, beginne ich, doch Kai unterbricht mich besorgt.

»Bist du krank? Hast du etwas an den Augen?«

»Nein. Wieso?«

»Du kneifst sie andauernd so zusammen.«

Sofort unterlasse ich meinen eingeübten Augenaufschlag und erkläre mit möglichst fester Stimme:

»Ich habe eine Allergie. Das sind die Pollen.«

»Es gibt da ein Heuschnupfenzeugs. Das bekommst du in der Apotheke.«

»Hm«, entgegne ich und wir schweigen.

Unbehaglich trete ich kleine Kieselsteine vom Bürgersteig in den Rinnstein. Normalerweise haben wir uns so viel mitzuteilen, dass wir uns aufgeregt ins Wort fallen. Wir lachen, scherzen und gehen unbeschwert miteinander um. Aber heute ist alles anders. Daher bin ich heilfroh, als Kai das Schweigen bricht.

»Irene ist sauer.« Er vergräbt die Hände in den Taschen seiner Lederhose.

»Warum?« Sofort sehe ich in meinen Gedanken Irene vor mir stehen, die ihre Hände in die Hüften stemmt und mich böse anfunkelt. Ich spüre, wie mir der Schweiß ausbricht. Ahnt sie etwas von meinen Gefühlen für ihren Mann? Weiß sie, dass ich mehr als Freundschaft für ihn empfinde?

Kai zuckt mit den Schultern. »Der Abend fing ganz gut an. Irene und ich haben uns ausnahmsweise einmal prächtig verstanden, sodass ich beschloss, ihr endlich reinen Wein einzuschenken.« Er sieht mich zerknirscht an. »Nun sind alle stocksauer auf mich. Sowohl die Kinder, als auch meine Schwiegereltern. Und wer von Irenes Freundinnen schon Bescheid weiß, daran wage ich gar nicht zu denken.« Vorwurfsvoll fügt er hinzu: »Ich habe dich gestern angerufen. Wo warst du denn? Ich hätte dich echt gebraucht.«

»Ich war unterwegs«, antworte ich ihm unbestimmt.

Wo ich war, kann ich ihm natürlich nicht erzählen. Denn wie so häufig stand ich in seinem dunklen Garten hinter dem Rhododendron und beobachtete ihn durch die Panoramascheibe, um Anteil an seinem Leben zu nehmen. Einen Streit zwischen den Ehepartnern hatte ich nicht bemerkt. Denn während ich von sirrenden Mücken attackiert wurde, saß er entspannt mit Irene im Wohnzimmer auf dem Sofa. Einträchtig tranken sie Rotwein aus dickbäuchigen Gläsern. Ihr Umgang miteinander wirkte auf mich so harmonisch, dass ich frustriert die Blüten von Irenes geliebten Rhododendron abknickte und sie auf dem Boden zerstampfte.

Nun sehe ich Kai an, der schon wieder verstohlen auf seine Armbanduhr schaut und plötzlich werde ich wütend. Ich balle die Hände zu Fäusten. Mit mir trinkt Kai nur Bier, manchmal auch Schnaps. Aber niemals Rotwein. Auf einmal bin ich mir nicht mehr sicher, ob es eine gute Idee war, die reizvollen Sachen zu kaufen.

Ich nehme den Cowboyhut vom Kopf und halte ihn unschlüssig vor meinen Bauch.

Kais Blick folgt den Bewegungen des Cowboyhuts und wandert dann hinunter bis zu meinen Füßen.

»Sag mal, hast du deine Beine rasiert?«, fragt er entgeistert.

Ich stottere etwas von besagter Allergie und dringend notwendig und stopfe den Hut zu dem Leder-tanga, den Strapsen und den High Heels in die Kaufhaustüte.

Es war eine dämliche Idee. Niemals werde ich ihm sagen, was ich für ihn empfinde. Niemals werde ich ihm meine Gefühle offenbaren. Er würde mich auslachen. So wie der Helmut. Damals in Köln.

Kai tritt ungeduldig von einem Fuß auf den anderen. Er druckst herum, knibbelt an seiner Unterlippe und fährt sich dann mit den Fingern durchs Haar. Ein Schweißtropfen bahnt sich einen Weg durch seinen Oberlippenbart. Schließlich stößt er geräuschvoll den Atem aus.

»Eigentlich ist es gut, dass wir uns heute getroffen haben. Ich muss dir unbedingt etwas sagen. Ich schiebe es schon seit einiger Zeit vor mir her, aber irgendwann wirst du es sowieso erfahren.«

Er schaut mir tief in die Augen, sodass ein Schauer nach dem anderen über meinen Körper jagt. Als er mir die Hände auf die Schultern legt, spüre ich seinen Atem, der zärtlich meine Wange streichelt.

»Markus, es ist so …«, beginnt er zögernd.

Ich muss ihn wegstoßen, denn sonst würde ich willenlos in seine Arme sinken und ihn leidenschaftlich küssen. »Schwule Sau«, würde er mich dann beschimpfen, genauso wie Helmut es damals in Köln getan hatte, und ich hätte auch Kai für immer verloren.

Erschrocken von dem heftigen Stoß taumelt Kai einige Schritte zurück. Sein Gesicht wird blass.

»Entschuldige«, murmelt er, »ich wollte dir nicht zu nahe treten. Es tut mir leid. Aber ich hatte manchmal das Gefühl …« Er bricht den Satz ab und nestelt an der silbernen Schnalle seines Nietengürtels.

Mit offenem Mund starre ich ihn an. Ich verstehe den Sinn seiner Worte nicht. Verstehe sein Verhalten nicht. Ich bin verdattert, verwirrt und weiß nicht, wie ich reagieren soll.

»Heute Abend lege ich die Sabine flach«, schleudere ich ihm entgegen, so wie ich auch auf unseren Kneipentouren Geschichten erfinde. »Das ist eine total geile Braut. Sie macht alles, was ich will.«

Merkwürdigerweise antwortet mir Kai nicht wie üblich mit einem coolen Spruch, stattdessen erklärt er mir ernst: »Markus, ich habe genug von den Lügen. Genug von dem Verstellen. Ich kann und will das nicht mehr. Ich werde Irene verlassen. Gestern habe ich ihr die Wahrheit gesagt.« Er lacht bitter: »Wie nennt man das so schön? Coming Out.« Auf einmal sprudeln die Sätze nur so aus ihm heraus, als hätte er sie viel zu lange zurückgehalten: »Weißt du, zweimal im Monat gehen wir gemeinsam aus. Du erzählst mir, mit wem du ins Bett gehst, und ich höre dir zu, obwohl es mir sehr weh tut. Ich erzähle dir Lügen von Irene, denn in Wahrheit läuft seit Jahren nichts mehr zwischen uns. Ich liebe dich, Markus. Sehr lange schon. Zuerst habe ich versucht, es zu verdrängen, dann zu verbergen. Ich hätte dir nie etwas gesagt, aber ich habe es so satt, mein Anderssein zu verstecken.«

Mein Mund klappt auf und wieder zu. Ich bin völlig überrumpelt von der ganzen Situation. Verzweifelt suche ich nach den Worten, die ich wochenlang geübt hatte, aber ich finde sie nicht.

Derweil hebt er beschwichtigend die Hände. »Du brauchst nichts zu sagen. Mir ist schon klar, dass du jetzt nichts mehr mit mir zu tun haben willst.«

Ich schüttele heftig mit dem Kopf, denn ich bin immer noch nicht in der Lage, einen Satz zu formulieren. Natürlich interpretiert er meine Gestik nicht richtig.

»Lass gut sein«, er wendet sich ab, »ich weiß, dass ich nun meinen besten Freund verloren habe. Aber es musste einfach heraus.«

»Warte«, krächze ich undeutlich.

»Es tut mir so leid«, wiederholt er noch einmal und schlurft mit hängenden Schultern die Straße hinunter.

Panik erfasst mich. Ich muss etwas unternehmen. Schnell, denn sonst werde ich Kai verlieren. Endlich purzeln die Worte in meinem Kopf an die richtige Stelle.

»Ich liebe dich«, rufe ich ohne Augenaufschlag, ohne schief gelegten Kopf, ohne gestülpte Lippen und ohne ein erotisches Hauchen. Mit gesenktem Kopf bleibt Kai stehen. Ich betrachte seinen Rücken und habe keine Ahnung, was ich jetzt tun soll. Ich stehe am Rande eines Parkplatzes vor einem großen Kaufhaus und bemerke, dass mich bereits ein Dutzend Leute neugierig anstarren. Aber das ist mir egal.

»Ich liebe dich«, rufe ich noch einmal, so laut ich kann und zu allem entschlossen.

Kai dreht sich langsam um. Zuerst schaut er mich ungläubig an, und eine Spur von Misstrauen huscht über sein Gesicht, aber dann fangen seine Augen an zu strahlen und seine Mundwinkel schnellen nach oben. Er lächelt mich glücklich an. Und als er seine Arme weit für mich öffnet, renne ich einfach los.

Das letzte Geschenk von Tim

Genervt schiebt Lena das Paket mit dem Fuß ins Haus. Täglich werden ihr Dinge zugestellt, die sie nicht bestellt hatte, und immer handelt es sich um ausrangierte, alte Sachen, die kein Mensch mehr brauchen kann. Ein kaputter Rasenmäher, eine verbogene Heckenschere, leere Schachteln mit Unkrautvernichtungsmittel, ein defekter Staubsauger. Die Liste ließe sich unendlich lang fortsetzen. Zusätzlich erreichen sie diverse Pizzalieferungen, außerdem Anrufe zu den unmöglichsten Zeiten und haufenweise Emails, die sie jeden Abend am PC ungelesen in den Papierkorb befördert. Obwohl er sich niemals namentlich zu erkennen gibt, weiß Lena trotzdem sehr genau, wer sie tyrannisiert.

Eine Zeitlang hatte sie die angeblichen Bestellungen einfach angenommen und gehofft, dass die Flut der Pakete irgendwann von allein verebbt. Sie hatte die

Sendungen im Esszimmer gestapelt, bis einmal ein Paket so fürchterlich stank, dass sie es öffnen musste. Noch heute verspürt sie den Würgereiz, wenn sie sich an den vergammelten Fisch in dem Karton erinnert. Seitdem wirft sie zumindest einen kurzen Blick auf den Inhalt der gelieferten Sendungen.

Daher reißt sie nun mit angehaltenem Atem das Paket auf und schaut ratlos auf einen verbeulten Emailleeimer, dessen helle Beschichtung an mehreren Stellen abgesprungen ist. Auf dem Boden des Putzeimers entdeckt sie einen Briefumschlag, den sie mit einem mulmigen Gefühl öffnet.

»Mein letztes Geschenk«, steht in dicken, roten Druckbuchstaben auf einem weißen Blatt Papier geschrieben. Mit weit aufgerissenen Augen starrt sie auf die Worte. Ein eiskalter Schauer jagt über ihren Körper. Mühsam schnappt sie nach Luft. Sie versteht die Bedeutung der Worte sehr genau. Sie weiß, dass es sich um eine Drohung handelt. Verzweifelt vergräbt sie das Gesicht in den Händen. Sie hat keine Ahnung, was sie noch ausprobieren könnte, um diesen Terror zu stoppen.

Mehrmals hatte sie versucht, mit ihm zu reden. Aber er war zu keinem Gespräch bereit. Er hatte sie mit hasserfülltem Blick angesehen und gezischt, irgendwann bekäme sie ihr letztes Geschenk von ihm, und dann könne sie die Minuten bis zu ihrem Lebensende zählen.

Sie atmet schwer, als sie die alten Holzstufen hinauf in den zweiten Stock steigt, um versteckt hinter der Gardine das angrenzende Grundstück zu beobachten. Der gepflegte Garten des Nachbarn versinkt bereits im abendlichen Grau. Das satte Grün des Rasens verblasst zusehends, ebenso verschwimmen die Konturen der Fichten, die sich um die Holzlaube reihen. Das angrenzende Grundstück wirkt friedlich, bis auf einmal das Licht der Außenlampe aufleuchtet und Tim auf der Terrasse erscheint. Entspannt betrachtet er die Dämmerung und führt eine Flasche Bier an den Mund. Dann zündet er sich genüsslich eine Zigarette an, setzt sich auf den Gartenstuhl und legt seine in Schlappen steckenden Füße auf den Tisch. Scharf zieht Lena die Luft ein. In ihrem Kopf beginnt sich alles zu drehen. Die Umgebung verzerrt sich vor ihren Augen. Sie blinzelt mehrmals und hält sich mit beiden Händen am Fensterbrett fest. Sie ist nicht in der Lage, ihren Blick vom Nachbargrundstück abzuwenden. Denn sie weiß, dass Tim sich nur dann eine Zigarette anzündet, wenn seine Frau Betty für einige Tage unterwegs ist.

Sie denkt an den roten USB Stick, den der Nachbar ihr kurz nach Bettys letzter Dienstreise geschickt hatte. Darauf war ein kurzes Video, in dem sie die Hauptrolle besetzte. Seelenruhig schläft sie in ihrem Bett ohne zu bemerken, dass sie von dem Eindringling gefilmt wird.

»Betty ist weg«, kreischt eine hysterische Stimme in ihrem Kopf. »Und wenn Betty nicht da ist, kommt Tim in mein Haus.«

Plötzlich schaut Tim direkt zu ihr herüber. Er lächelt böse. Er sieht nach rechts, er sieht nach links und als er sich vergewissert hat, dass kein anderer Nachbar in Sicht ist, legt er beide Hände um seinen Hals und imitiert ein Würgen. Er streckt die Zunge lang heraus, rollt mit den Augen und kippt schließlich vom Stuhl. Zitternd betrachtet Lena das für sie inszenierte Schauspiel. Kurz darauf springt Tim auf. Ausgelassen klopft er sich auf die Schenkel. Dann zeigt er ihr den Stinkefinger und verschwindet im Wohnzimmer.

Tränen laufen ihre Wangen hinab, als sie an die Zeit vor einem Jahr zurückdenkt. Damals wollte Tim die renovierungsbedürftige Villa kaufen. Er hatte den Plan, ein Luxusdomizil für ältere, rüstige Herrschaften zu bauen. Dann tauchten sie und Chris auf. Der Eigentümer war begeistert von ihrer Idee, eine Pension für einkommensschwache Bürger zu errichten, und sie bekamen den Zuschlag. Trotz anfänglicher Schwierigkeiten freundeten sich Chris und sie mit den Nachbarn an. Sie verbrachte viel Zeit mit Betty in Baumärkten und Möbelhäusern, während Tim ihren Mann tatkräftig bei den Renovierungsarbeiten unterstützte. Und dann hatte sich alles verändert. Von der einen Sekunde zur anderen hatte Chris sie verlassen. Einfach so. Ohne

Vorwarnung. Ohne dass sie die Möglichkeit gehabt hatte, sich auf die Veränderungen vorzubereiten.

Seitdem will Tim die Chance zur Verwirklichung seiner eigenen Pläne ergreifen. Zuerst versuchte er, Lena zum Verkauf der Villa zu bewegen. Als sie empört ablehnte, begann er systematisch damit, sie zu terrorisieren, und trotz ihrer Bemühungen um ein friedliches Miteinander hört er nicht mit seinem böswilligen Verhalten auf. Täglich verbreitet er im Dorf Gerüchte über sie. Er erzählt den Handwerkern, sie wäre insolvent. Er vereinbart Termine bei Ärzten, Immobilienmaklern und Bankberatern. Er vermittelt den Menschen in ihrem Umfeld, sie wäre sonderbar und niemals in der Lage, das geplante Projekt alleine durchzuziehen.

Plötzlich wird das Schlafzimmerfenster gegenüber geöffnet. »Ich mach dich alle, du Schlampe«, brüllt Tim mit wutverzerrtem Gesicht, bevor er das Fenster zuknallt, sodass die Scheiben scheppern.

»Es geht wieder los«, hämmert es in ihrem Kopf. Er wird kommen, und diesmal wird er es nicht bei einer Warnung oder Schikane belassen. Diesmal wird er kommen, um sie zu töten, denn sein letztes Geschenk hat sie bereits erhalten.

Panisch rennt Lena aus dem Zimmer. Sie schlittert durch den Flur, stolpert über ihre eigenen Füße und tritt gegen einen Farbeimer, dessen Deckel nicht richtig verschlossen ist. Aus den Augenwinkeln bemerkt sie hellgrüne Farbe, die auf die frisch verlegten Fliesen schwappt. Ohne innezuhalten stürmt sie die beiden Stockwerke hinunter in die dämmrige Eingangshalle. Auf dem Holztresen aus edlem Kirschbaum findet sie, unter diversen Pizzaschachteln vergraben, das Telefon. Hektisch tippt sie eine Nummer ein.

»Es geht wieder los. Bitte komm hierher. So schnell du kannst.«

»Lena? Bist du das? Beruhige dich doch.«

Sie wagt es nur zu flüstern. »Er wird kommen.«

»Wer kommt?«

»Du weißt, wen ich meine.«

»Redest du etwa wieder von Tim? Er wird nicht kommen, Lena. Höchstens, um zu sehen, ob bei dir alles in Ordnung ist.«

»Er wird mir etwas antun. Er wird versuchen, mich zu töten.«

»Jetzt höre mir mal ganz genau zu. Dir kann nichts passieren. Keiner wird dein Haus betreten. Jens hat dir extra in der vergangenen Woche die Sicherheitsschlösser eingebaut.«

Lenas Blick wandert gehetzt durch die Eingangshalle. Die Möbel sind mit weißen Laken abgedeckt, an der Wand lehnen verpackte Holztüren, die sie noch einhängen muss. Sie haucht ins Telefon. »Ich habe Angst.«

Ihre Freundin seufzt: »Pass auf, du gehst jetzt an jede Tür und legst die Ketten vor, außerdem verschließt du alle Fenster.«

Mit dem Telefon am Ohr bewegt Lena sich vorsichtig durch die Eingangshalle. Im Esszimmer betätigt sie den Lichtschalter, um die furchteinflößenden Schatten zu verbannen. Sie läuft im Slalom durch die aufgestapelten Kartons und überprüft sorgfältig, ob die Tür und die Fenster verschlossen sind. Dann macht sie sich auf den Weg in die Küche.

»Lena, wäre es nicht sinnvoll, wenn du dich einmal bei diesem Psychologen vorstellst? Hatte Tim dort nicht einen Termin für dich vereinbart?«

Lena ruckelt an der Küchentür und schaut nach, ob die Sicherheitskette eingehängt ist. Plötzlich hält sie inne. Stirnrunzelnd denkt sie über die eben gehörten Worte nach. »Sag mal, hast du etwa mit Tim gesprochen?« Da die Freundin schweigt, hakt sie nach: »Sofie? Hat er dich angerufen.«

»Er macht sich Sorgen um dich, Lena. Seit Chris gestorben ist, hast du dich sehr verändert. Du lässt dich gehen, du kümmerst dich um nichts mehr. Du denkst dir merkwürdige Dinge aus, außerdem verdächtigst du unschuldige Menschen. Chris ist tot, Lena. Ich weiß, dass es sehr weh tut, aber du musst die Dinge akzeptieren wie sie sind und dein Leben weiterleben.«

Lena schweigt betroffen. Die Freundin glaubt ihr nicht.

Sofie fährt eindringlich fort: »Tim sagt, du verrennst dich in die Idee, dass er an dem Unfall beteiligt gewesen wäre.«

»Er war daran beteiligt. Ich bin mir sicher.«

Behutsam entgegnet die Freundin: »Ich weiß, dass du viel ertragen musst. Es tut mir so leid, dass Chris verunglückt ist.«

»Er wurde ermordet.«

»Aber Lena. Es war ein Unfall. Als Chris über die Kreuzung gefahren ist, hat ihn jemand gerammt. Das ist sehr tragisch, aber manche Dinge passieren einfach.«

»Weder der Unfallverursacher, noch das Fahrzeug wurden gefunden. So als hätte jemand bei den Ermittlungen etwas vertuscht.«

»Jetzt verdächtigst du wieder Tim, oder?«

»Er präsentierte den Dorfbewohnern gleich am nächsten Tag den roten Jaguar. Wieso hatte er plötzlich einen neuen Wagen?«

»Er wollte sich schon lange dieses Auto kaufen. Es war ein Schnäppchen, da hat er zugeschlagen. Der Zeitpunkt der Anschaffung war Zufall.«

»Sofie, er droht mir. Gerade eben erst.«

»Wie denn?«

»Er hat mir ein Paket geschickt.«

»Das ist aber keine Bedrohung, Lena. Was war denn in dem Paket?«

»Ein alter, verbeulter Emailleeimer.«

»Entschuldige mal. Willst du mir damit etwa sagen, er bedroht dich mit einem Eimer?«

»Natürlich nicht. Der Drohbrief lag in dem Eimer. Dies sei sein letztes Geschenk, stand darauf. Er will mich töten.«

»Mit dem Eimer?«

»Nein«, brüllt Lena ungeduldig. »Was weiß ich, wie er es machen will. Er wird kommen.«

Die Freundin entgegnet gereizt: »Meine Liebe, ich glaube, du siehst die Dinge ein wenig überspitzt. Wahrscheinlich wollte Tim dir durch die Blume zu verstehen geben, dass du mal putzen sollst. Du weißt doch, wie unordentlich du bist, das regt ihn einfach auf. Aber er würde niemals deine Gefühle verletzen. Er will dir nur helfen, Lena. Er war doch der beste Freund deines Mannes. Vielleicht solltet ihr euch noch einmal zusammensetzen und über alles reden? Ich glaube, zwischen euch beiden herrscht ein riesiges Missverständnis, das geklärt werden sollte.«

Das denkt Lena nicht, aber sie findet keine Worte, um Sofie von der Bedrohung zu überzeugen. »Kommst du jetzt?«, fragt sie drängend, aber die Freundin flüchtet sich in Ausreden. Beim Beenden des Gespräches verspricht sie jedoch, immer für Lena da zu sein.

»Du lässt dich gehen. Du kümmerst dich um nichts.« Sofies Stimme klingt vorwurfsvoll in ihren Ohren. Nachdenklich betrachtet Lena den vollgestellten

Tresen. So ganz Unrecht hat die Freundin nicht. Seit Chris tot ist, spiegelt die Villa ihren Seelenzustand wider. Alles ist durcheinander, alles ist versunken im Chaos. Verzweifelt fegt sie mit der Hand die alten Pizzaschachteln hinunter und fühlt sich seltsam befreit, als die glänzende Fläche sie angrinst. Sie schaltet das Licht in der Eingangshalle an. Prüfend wandert ihr Blick durch das Erdgeschoß. Die Türen sind verriegelt. Die Fenster sind verschlossen. Ihr kann nichts geschehen. Alles ist hell erleuchtet. Die Dunkelheit und die Angst sind ausgesperrt.

Ihr Blick fällt auf das letzte Geschenk von Tim, und sie erinnert sich an die verschüttete Farbe im zweiten Stock. Seufzend schnappt sie sich Tims Eimer und geht die Treppen hinauf. Im Bad füllt sie den alten Eimer mit Wasser und in Ermangelung eines Putzmittels mit Flüssigseife. Im Flur taucht sie ein Handtuch in die glitschige Lauge. Verbissen wischt sie über die klebrige Farbe. Wenn Chris nur bei ihr wäre. Im Gegensatz zu Sofie hätte er niemals an ihren Aussagen gezweifelt. Zusammen waren sie unschlagbar, sie waren ein Team. Sie vermisst ihn so sehr. Nun ist Chris weg, und sie hat keine Ahnung, wie ihre Zukunft aussehen wird. Sie könnte alles aufgeben und Tim das Haus überlassen. Aber dann müsste sie ihren gemeinsamen Traum mit Chris begraben. Hätte er das gewollt? Sie schüttelt den Kopf. Er hätte sich gewünscht, dass sie die gemeinsamen Ziele verwirklicht. Entschlossen wirft sie das

Handtuch in den Putzeimer und hält inne. Verwundert runzelt sie die Stirn. Neben dem Plätschern des Wassers nimmt sie ein anderes Geräusch wahr, das ganz und gar nicht hierher gehört. Das Knarren einer Tür, die behutsam geöffnet wird.

Reglos hockt Lena auf den Fliesen. Sie muss sich verhört haben. Tim kann nicht ins Haus eingedrungen sein. Sie hatte doch sorgfältig alle Türen überprüft.

Sie erhebt sich leise und schleicht an die Balustrade. Vorsichtig beugt sie sich über das Geländer, dessen Verstrebungen altersschwach knirschen. Einige der Hölzer sind angefault und müssten dringend ausgewechselt werden, aber der Schreiner vertröstet sie mit fadenscheinigen Ausreden. Lena hat den Verdacht, dass Tim ihm erzählt hat, sie wäre zahlungsunfähig.

Ihre Augen huschen durch die erleuchtete Eingangshalle. Auf den ersten Blick erscheint alles genauso, wie noch vor einigen Minuten, aber dann bemerkt sie die Tür, die zum Keller führt. Sie schwankt. Die Tür ist weit geöffnet. Ihre Finger umschließen das Geländer so fest, dass die Knöchel weiß hervortreten. Alle Türen hatte sie gesichert und mehrfach überprüft. Aber die Kellertür, die direkt an Tims Grundstück grenzt, die hatte sie vergessen. Ihre Gedanken rasen. Er ist da. Aber wo genau ist er? Was hat er vor? Was soll sie tun? Sie massiert sich die Schläfen und zwingt sich, ihre Gedanken zu sortieren. Sie braucht irgendetwas, um sich zu verteidigen. Eine Waffe oder zumindest ein

Telefon, damit sie die Polizei anrufen kann. Verzweifelt presst sie die Lippen aufeinander. Das Telefon liegt unerreichbar auf dem Tresen, und außer dem Emailleeimer und dem Farbtopf befindet sich in diesem Stockwerk nichts Brauchbares. Nicht einmal die verfaulten Verstrebungen des Geländers eignen sich zur Verteidigung. Aber die Form des Holzes erinnert sie an den Baseballschläger, den Chris damals mitgebracht hatte. Immer noch lehnt er im Bad an der Wand, um das wackelnde Fensterbrett abzustützen. Ihre düstere Miene erhellt sich.

Auf Knien robbt sie ins Bad. Mit Fingerspitzengefühl zieht sie den Schläger unter dem Fensterbrett hervor und nimmt ihn erleichtert an sich. Sollte Tim sie angreifen, wird sie ihn mit der Waffe attackieren. Dann wird sie durch die Eingangshalle zur Haustür rennen, um sich in Sicherheit zu bringen. Sie verbirgt die Waffe hinter ihrem Rücken und lauert noch einmal über die Balustrade. In diesem Moment geht im ganzen Haus das Licht aus.

Bestürzt weicht sie zurück und stößt mit dem Knöchel gegen den Wassereimer. Sie unterdrückt einen Fluch, als die Lauge über den Rand schwappt und ihr Hosenbein durchnässt. Ohne sich aufhalten zu lassen, tastet sie sich mit der Hand an der Wand entlang bis sie das erste Stockwerk erreicht. Dort bleibt sie am Treppenabsatz stehen und lauscht in die Dunkelheit. Ein LKW donnert über die Hauptstraße, von fern dringt das

Brummen des Motors herein. Im Erdgeschoß knackt es. Sie kann das Geräusch nicht lokalisieren. Sie ist sich nicht sicher, ob es nur das alltägliche Ächzen des alten Hauses war oder ob Tim dort unten eine Falle für sie vorbereitet.

Noch ein Stockwerk muss sie hinunter, dann kann sie durch die Eingangshalle zur Haustür sprinten. Mit beiden Händen umklammert sie den Baseballschläger. Das harte Holz fühlt sich beruhigend an. Auf Zehenspitzen, beinahe lautlos, schleicht sie die Treppe hinunter, bis das laute Knarren einer Stufe die Stille durchbricht. Mit einem entsetzten Aufschrei lässt Lena den Baseballschläger fallen, der donnernd über die Stufen bis in die Eingangshalle poltert. Am Fuß der Treppe bleibt er liegen. Lena erstarrt. Eine Ewigkeit rührt sie sich nicht. Nur ihr Brustkorb hebt und senkt sich stoßweise. Dieser Lärm hätte selbst Tote erwecken können. Das kann Tim nicht verborgen geblieben sein. Jeden Moment erwartet sie, dass seine Silhouette in der Eingangshalle auftaucht. Doch obwohl sie angestrengt in die Halle späht, entdeckt sie keine Spur von ihm.

Sie atmet tief ein, dann setzt sie die Fußspitze auf die nächste Stufe, wobei sie den Rücken dicht an die Wand presst. Angespannt erreicht sie das Ende der Treppe und immer noch macht der Nachbar sich nicht bemerkbar. Stirnrunzelnd lässt sie ihren Blick schweifen. Vielleicht lauert Tim hinter der Tür, die in den Keller führt, oder er versteckt sich in der Küche, die sie nicht einsehen kann, da die Wand ihr die Sicht versperrt. Vorsichtig, zentimeterweise bewegt sie ihren Kopf um die Ecke, um einen Blick in Richtung der Küche zu werfen, und sie schaut genau in die funkelnden Augen von Tim.

Blitzschnell schnellen seine Hände hervor. Wie ein Schraubstock schließen sie sich um ihren Hals. »Jetzt beenden wir die Sache.«

Wimmernd windet sie sich in seinem Griff, aber bei jedem Befreiungsversuch drückt er fester zu.

»Die Villa sollte immer mir gehören, die Pläne für das Luxusdomizil waren längst ausgearbeitet«, zischt der Nachbar, »und dann macht ihr mir alles kaputt. Du und dein toller Chris.«

»Lass Chris«, röchelt Lena.

»Dein toller Mann«, er schnaubt verächtlich. »Du hättest ihn sehen sollen. Wie überrascht er mich angesehen hat, als ich auf ihn zuraste. Nichts hat er verstanden.«

Lena stöhnt. Sie hat es gewusst. Die ganze Zeit hat sie es gewusst. Sie steht dem Mörder ihres Mannes gegenüber. Schäumende Wut überrollt sie und drängt die Angst in den Hintergrund. Sie hebt den Fuß und tritt Tim kraftvoll zwischen die Beine, sodass er ächzend auf die Knie sinkt.

Blitzschnell nutzt sie ihre Chance, dreht sich um und stürmt die Treppe hinauf. Aus den Augenwinkeln bemerkt sie, dass Tim nach dem Baseballschläger greift und dann in gebückter Haltung hinter ihr her hastet. Unbehelligt erreicht Lena den ersten Stock. Ihr Atem ist nun mehr ein Hecheln, ihr Herz ballert erbarmungslos gegen den Brustkorb. Blut rast durch ihre Adern, Schweißperlen bilden sich auf ihrer Stirn.

»Du blöde Schlampe. Ich bringe dich um«, brüllt Tim außer sich.

Panisch erklimmt sie die nächste Treppe. Zu spät erkennt sie, dass sie kopflos in die falsche Richtung gerannt ist. Sie sitzt in der Falle. Sie saust durch den Flur im zweiten Stock und weiß doch genau, dass ihre Flucht an der Stirnwand enden wird.

Zuerst spürt sie die Speicheltropfen in ihrem Nacken. Dann bemerkt sie den Luftzug. Sie hört das Zischen. Kurz darauf zwingt ein explodierender Schmerz, der ihr die Luft aus den Lungen presst, sie in die Knie. Mit einem qualvollen Stöhnen sinkt sie auf die Fliesen. Halt suchend greift sie um sich, doch sie erwischt lediglich den Emailleeimer, der dem Druck nicht standhält und umkippt. Die kalte Seifenlauge ergießt sich über den Boden. Obwohl sie das Gefühl hat als würde ein vernichtendes Feuer in ihr lodern, gelingt es ihr, sich auf den Rücken zu drehen. Mit weit aufgerissenen Augen beobachtet sie, dass Tim den Baseballschläger erneut in Position bringt. Als er den Stock weit nach hinten schwingt, um kräftig auszuholen, verschränkt Lena schützend die Arme über ihrem Kopf. Resigniert erwartet sie den tödlichen Schlag, doch stattdessen vernimmt sie ein überraschtes Keuchen. Argwöhnisch hebt sie den Kopf und sieht, dass Tim hektisch mit den Armen rudert, um sein Gleichgewicht nicht zu verlieren. Seine Füße rutschen in der Seifenlauge hin und her, sie finden keinen Halt. Fluchend packt er das rettende Geländer, das der Schreiner nicht reparieren wollte. Es knirscht. Es knackt. Es biegt sich nach außen. Es gibt nach, und Tim stürzt schreiend in die Tiefe.

Mit schmerzverzerrtem Gesicht rollt Lena sich auf den Bauch und robbt nahe an den Abgrund. Sie blinzelt mehrmals, um in dem fahlen Licht etwas erkennen zu können. Reglos liegt Tims Körper auf den Fliesen. Zuerst laufen Tränen der Erleichterung über ihre Wangen. Dann bahnen sich immer mehr Schluchzer einen Weg ins Freie. Daher überhört sie auch das erste Ächzen aus der Eingangshalle. Erst beim zweiten Stöhnen wird sie hellhörig. Mit weit aufgerissenen Augen schaut sie in die Tiefe. Der dunkle Körper bewegt sich. Erst streckt er die Arme, dann stemmt er den Oberkörper hoch, schließlich zieht er die Füße nach. Auf allen Vieren kniet der Nachbar und es kann nur noch Sekunden dauern bis er sich erhoben hat. Keuchend will auch Lena sich hochstemmen, aber ihr Rücken schmerzt höllisch. Sie kann nicht fliehen. Sie ist ihm ausgeliefert.

Verzweifelt schaut sie sich auf der Empore um und entdeckt das letzte Geschenk von Tim. Ein Gefühl der

Hoffnung durchströmt sie. Durch die glitschige Laube zieht sie den Eimer zu sich heran. Immer wenn die Schmerzen übermächtig werden, hält sie kurz inne, um tief durchzuatmen, doch nach einigen Pausen steht er direkt neben ihr. Und gerade als Tim sich aufrichten will, verpasst sie seinem letzten Geschenk einen kräftigen Stoß.

Obwohl sie die Augen fest zusammenkneift und die Hände an die Ohren presst, hört sie doch den ungläubigen, erstickten Schrei, als der Emailleeimer sein Genick trifft. Sie vernimmt den Aufprall seines toten Körpers und lauscht seinem letzten Geschenk, das scheppernd über die Fliesen rollt.

Erleichterung

Beim Frühstück hatte er sie wieder einmal nicht beachtet. Zwar saß er ihr gegenüber, aber sein Kopf war hinter der großen Zeitung verschwunden. Nur hin und wieder kam seine Hand hervor, um nach dem Brötchen oder der Kaffeetasse zu greifen. Sie hätte ihm gern mitgeteilt, wie sehr sein Verhalten sie demütigt, aber als sie die ersten Worte herausbrachte, hatte er nur abwehrend gebrummt: »Jetzt nicht.«

Demonstrativ hatte er mit der Zeitung geraschelt, denn er hasste es, bei seinem morgendlichen Ritual gestört zu werden. Sie hatte vor sich auf den Tisch gestarrt und ihre Unzufriedenheit mit einem Schluck bitteren Kaffee hinuntergespült. Später hörte sie sein gemurmeltes: »Bis heute Abend Schatz.« Und ohne einen Kuss oder eine Umarmung war er verschwunden. Sie saß allein an dem großen Tisch. Ein langer Tag erwartete sie, ein Tag ohne besondere Aufgaben.

Nun schlägt ihr die warme, stickige Luft entgegen. Sofort spürt sie die Kralle, die sich um ihren Brustkorb legt und diesen fest zusammenpresst. Flach atmend nimmt Katharina von Leuchtental die dunkle Brille ab. Sie stöhnt leise, als sie mit kühlen Fingern sanft über ihre Stirn streicht. Seit dem Frühstück plagen sie höllische Kopfschmerzen. Sie sollte nicht hier sein. Sie sollte sich unverzüglich umdrehen, zum Ausgang laufen und heimkehren. Aber ihre Füße bewegen sich keinen Zentimeter von der Stelle, stattdessen wandert ihr Blick durch den Eingangsbereich des Kaufhauses.

An den Wühltischen haben sich Menschentrauben gebildet. Rücksichtslos drängeln die Kunden sich durch die engen Gänge. Jeder ist auf der Jagd nach dem ultimativen Schnäppchen. Rote Schilder hängen an langen Schnüren und baumeln über den Tischen. Sie weisen auf die Prozente hin, denn heute sind alle Waren heruntergesetzt. Im Hintergrund rattert eine Rolltreppe unaufhörlich aufwärts, ihr Gegenstück bewegt sich abwärts.

Links von Katharina werden Mützen, Schals, Handschuhe, Slips und BHs angeboten. Auf der rechten Seite stapeln sich Pizzateller, Salatschüsseln, Tassen und Gläser. Mit einem verächtlichen Schnauben bewertet Katharina die Angebote als billigen Ramsch.

Ein Mann, der eine Mütze tief in sein Gesicht gezogen hat, rempelt sie unsanft an: »Passen Sie doch auf! Sie stehen mitten im Weg herum.«

Stolpernd presst Katharina ihre Handtasche an sich. Wütend funkelt sie den Mann an. Am liebsten würde sie ihn anschreien und ihn grob schubsen, sodass er ebenfalls aus dem Gleichgewicht gerät. Zumindest sollte sie ihn auf seine fehlende Rücksichtnahme hinweisen, aber wieder einmal siegt ihre Höflichkeit, und anstatt ihn wütend anzufauchen, schluckt sie den Ärger hinunter und nickt ihm entschuldigend zu. Er bemerkt es nicht, denn längst hat er sich ins Getümmel gestürzt und wühlt in einem Stapel von Pizzatellern. Katharina runzelt die Stirn. Warum ist sie hierher gekommen? Sie hatte sich doch fest vorgenommen, diesen Platz zu meiden.

»Der ist wirklich hässlich«, murmelt sie und stellt erstaunt fest, dass sie einen braunen Kaffeebecher in den Händen hält, der mit bunten Blumen bedruckt ist. Dabei kann sie sich gar nicht daran erinnern, sich durch die Menschenmenge gezwängt zu haben. Speichel sammelt sich in ihrem Mund. Sie schluckt.

»Wer kauft denn so etwas?« Katharina will den Becher zurückstellen, doch ihre Hände gehorchen ihr nicht. Ihr Puls schnellt in die Höhe. Ihr Herz beginnt kraftvoll zu pochen. Mit glänzenden Augen schaut sie sich im Verkaufsraum um. Die Menschen kämpfen weiterhin um die Sonderangebote. An der Theke steht ein missmutiger Verkäufer, der das Treiben beobachtet. Er schaut müde zu ihr herüber. Zurückhaltend lächelt sie ihn an. Als er das Lächeln erwidert, erscheinen zwei Grübchen auf seinem Gesicht.

Katharina dreht den Kaffeebecher in ihren Händen. Er ist aus dickem Porzellan. Er fühlt sich ganz anders an, als das edle Geschirr, das sie und ihr Mann benutzen. Nachdenklich kaut sie auf ihrer Unterlippe. Soll sie es noch einmal wagen? Ein letztes Mal?

Sie presst die Lippen zusammen. Entschlossen stellt sie die Tasse auf den Stapel und vergräbt die Hände in ihren Manteltaschen. Diesmal nicht. Dieses Mal wird sie standhaft bleiben. Sie fährt mit der Rolltreppe nach oben, um gleich darauf an der anderen Seite wieder hinunterzufahren. Sie wühlt in den Mützen, lässt sich widerstandslos von den anderen Kunden anrempeln. Sie spürt ihren verkrampften Nacken. Hitzewellen jagen durch ihren Körper. Schweißperlen bilden sich auf ihrer Stirn. Hektisch kramt sie in der Handtasche, bis sie das Spitzentaschentuch findet mit dem sie sich die Stirn abtupft. Und immer wieder wandert ihr Blick zu den Kaffeebechern.

Sie zwingt sich, ihre Augen fest auf den Ausgang zu richten, um ihre Schritte dorthin zu lenken, aber ihre Füße tragen sie auf direktem Weg an den Wühltisch, den sie eigentlich mit allen Mitteln meiden wollte. Vorsichtig ergreift sie den einen, den besonderen Becher. Sie streichelt ihn wie einen wertvollen Schatz.

»Der ist schön, nicht wahr? Der kostet heute nur neunundneunzig Cent«, wird sie ungefragt von einer dunkelhaarigen Frau informiert. Katharina schnaubt leise. Kaufen will sie den Kaffeebecher bestimmt nicht.

Schon öffnet sie mit der rechten Hand ihre Tasche, die linke umklammert den Henkel des Bechers. Sie bemüht sich um einen möglichst unbeteiligten Gesichtsausdruck. Die Stimme, die aus dem Lautsprecher erklingt, bricht den Bann: »Der kleine Tim sucht seine Eltern. Bitte melden Sie sich an der Information.«

Entsetzt weicht sie zurück. Beinahe wäre es schon wieder passiert. Mit unsicheren Schritten wankt sie zum Stand mit den Gummibärchen, obwohl der süße Geruch ihr Übelkeit verursacht. Die Verkäuferin fragt Kaugummi kauend und gelangweilt: »Sie wünschen?«

Katharina winkt ab. Rasch verlässt sie den Stand. Ohne Ziel irrt sie durch das Kaufhaus. Sie fährt mit der Rolltreppe hinauf, gönnt den Schuhen keinen Blick, verweilt nicht bei den Hosen, läuft durch die Kinderabteilung. Sie streift Jacken mit ihrer Schulter, fasst Taschen an, lässt sie fallen, hebt sie nicht auf. Sie hastet einfach immer weiter. Sie wird nicht stehlen. Heute nicht. Sie ist keine Diebin.

Katharina von Leuchtental hat Geld, viel Geld. Sie ist die Frau eines angesehenen Politikers und führt ein luxuriöses Leben. Sie begleitet ihn auf Gesellschaften und Galaabenden. Sie spielt ihre Rolle als Ehefrau sehr gut und keiner ahnt etwas von ihrem Geheimnis. In ihrem Kleiderschrank hortet sie Teller, Salatschüsseln, Tassen, Lippenstifte, Handschuhe, Lidschatten oder

Parfüms. Dinge, die sie in Läden an sich genommen hatte ohne zu bezahlen.

Vielleicht wird ihr Mann das Geheimnis eines Tages entdecken. Dann wird sein entsetztes Gesicht hinter der Zeitung erscheinen. Er wird sie ansehen und verständnislos fragen: »Was hast du getan?«

Er würde endlich bemerken, dass er seine Ehefrau, die ihm niemals widerspricht und ihn stets freundlich anlächelt, eigentlich gar nicht kennt. Dass er keine Ahnung hat von ihren Ängsten, Gefühlen und Bedürfnissen, weil diese ihn im Grunde seines Herzens nicht interessieren. Weil sie zu funktionieren hat. Weil er sie nicht anders behandelt als die Köchin oder die Reinigungskraft.

Und dann denkt sie nur noch an den Kaffeebecher. Der Becher, der alle negativen Gedanken aus ihrem Hirn verbannt. Sie braucht ihn. Jetzt. Sofort.

Mit weit ausholenden Schritten eilt sie zum Wühltisch. Das Porzellan fühlt sich angenehm kühl und glatt an. Zärtlich streicht sie mit den Fingern über das Blumenmuster. Routiniert lässt sie ihren Blick durch das Kaufhaus schweifen.

Der missmutige Verkäufer an der Theke ist mit einem Herrn im Anzug in ein Gespräch vertieft. Bei den Handschuhen entdeckt sie den Kaufhausdetektiv. Sie erkennt sofort, dass sein Interesse zwei jugendlichen Mädchen gilt, die mit großen Umhängetaschen kichernd in den BHs herumwühlten. Keiner schenkt ihrer Person Beachtung. Mit einem geübten Griff verschwindet der Kaffeebecher in ihrer Handtasche. Augenblicklich spürt sie das Nachlassen der Anspannung. Sie atmet befreiter, die Hitze, die sich in ihr ausgebreitet hatte wie ein loderndes Feuer, erlischt. Ein zufriedenes Lächeln erscheint auf ihrem Gesicht. Vielleicht wird dieser Tag noch richtig gut? Sie könnte in dem neuen Restaurant zu Mittag essen.

Langsam schlendert Katharina von Leuchtental auf den Ausgang zu. Sie nickt einer Frau mit einem Kinderwagen aufmunternd zu, die genervt ein quengelndes Kleinkind hinter sich her zerrt. Aus dem Lautsprecher erklingt ein Lied, das sie kennt. Sie pfeift es leise mit.

Bevor sie das Kaufhaus verlässt, schaut sie sich noch einmal um. Der Verkäufer mit den Grübchen hat sein Gespräch beendet und winkt ihr zu. Sie winkt fröhlich zurück. Nun will sie die kurze Zeit genießen, die ihr bleibt, bis die Schuldgefühle sie einholen werden. Aber plötzlich hält sie mitten in der Bewegung inne. Sie runzelt die Stirn und knibbelt nachdenklich an ihrer Unterlippe. Dann fasst sie einen mutigen Entschluss und augenblicklich erhellt sich ihre Miene. Sie wird den Kaffeebecher nicht mit den anderen erbeuteten Sachen im Kleiderschrank verstecken. Stattdessen wird sie ihren Schatz morgen auf dem Frühstückstisch platzieren. Erwartungsvoll reibt sie sich die Hände, denn sie ist gespannt auf die Reaktion ihres Mannes, wenn er anstatt nach der feinen Porzellantasse nach diesem ganz besonderen Kaffeebecher greift.

Die grauen Busse

Plötzlich läuten überall in der Stadt die Glocken. Schnell stopft Josef die Kohlen, die er unten am Bahnhof ergattert hatte, in seine Taschen. Dabei betrachtet er erstaunt die Menschen, die aus den Häusern laufen und sich gegenseitig lauthals zurufen: »Unsere Truppen stehen vor Moskau.« Frauen umarmen sich lachend. Die wenigen Männer klopfen sich anerkennend auf die Schultern.

Als Josef die freudige Nachricht hört, bahnt er sich jubelnd den Weg durch die Menge nach Hause. Dort stürmt er die Stufen hinauf und reißt die Wohnungstür auf: »Thea, hast du es schon gehört? Unsere Truppen stehen vor Moskau. Und ich kann endlich meinen Beitrag zum Sieg leisten.« Strahlend wedelt er mit dem Einberufungsbefehl.

Thea springt auf und wirft sich in seine Arme. »Du wirst Deutschland zum Sieg verhelfen, damit dieser Krieg endlich vorbei ist.«

Josef holt die Kohlen aus seinen Taschen und breitet sie vorsichtig auf dem Tisch aus. »Wenn wir gesiegt haben, werde ich Arbeit finden. Dann müssen wir nicht mehr hungern. Wir können uns eine große Wohnung leisten und ich kaufe dir die neueste Mode aus Paris.« Wie ein Soldat marschiert er durch den kleinen Raum. Auf der Schulter trägt er ein imaginäres Gewehr. »Ich werde beim Vernichtungskampf gegen unsere Feinde dabei sein. Und wenn wir den Krieg gewonnen haben, werden wir einen Arzt finden, der Lisbeth gesund machen wird.« Mit diesen Worten öffnet er die Türen des Wandschranks, der an der Stirnseite des Zimmers steht. Der Schrank ist leer. Ihm fehlt die Hinterwand, denn er verdeckt den Eingang einer fensterlosen Kammer, die nur karg eingerichtet ist. Ein Mädchen sitzt auf dem Boden. Es trägt ein weißes Kleid, ihr hellblondes Haar ist mit roten Schleifen zu Zöpfen gebunden. Stolz betrachtet Josef seine Tochter, die mit den Steinen spielt, die er ihr zum Geburtstag geschenkt hatte. Sechs Kiesel sind es, denn für jedes Lebensjahr bekam sie einen.

Lisbeth türmt die Steine auf, um ihr Bauwerk gleich darauf wieder zu zerstören. »Bombe, Bombe«, ruft sie mit heller Stimme, bevor ihre Faust den vernichtenden Schlag ausführt.

Zärtlich streichelt er seiner Tochter übers Haar. »Wir müssen noch einmal kurz weg. Du musst hier bleiben und sehr leise sein. Wenn du lieb bist, zeige ich dir nachher die Kohlen, die ich geholt habe.«

Sie antwortet heftig nickend: »Lisbeth bleibt.« Ohne ihn weiter zu beachten, fährt sie mit dem Spiel fort.

Josef verschließt den Wandschrank sorgfältig. Dann nimmt er Thea an die Hand, rennt aus der Wohnung und stürzt sich mit ihr in die jubelnde Menge.

Der alte Krüger von gegenüber schüttelt die Fäuste und brüllt aus dem Fenster: »Endlich kriegen wir das, was uns schon lange zusteht.« Sein jüngster Sohn Fritz, der gestern dreizehn Jahre alt geworden war, hüpft über die Straße. Er schwenkt eine große Fahne und ruft: »Ich werde auch bald dem Führer dienen. Wartet nur ab. Ihr werdet es sehen.«

Josef wuselt ihm gönnerhaft durch das kurze, blonde Haar. »Werde erst mal erwachsen, Kleiner.«

Der alte Krüger erklärt ihm stolz: »Der Fritz ist jetzt schon bereit, für Führer, Volk und Vaterland zu kämpfen.«

Plötzlich einsetzender Lärm unterbricht das allgemeine Jubeln. Alle schauen gespannt die Straße hinauf. Einen Augenblick später marschiert eine Handvoll Soldaten im Gleichschritt um die Ecke. Ihre Stiefelabsätze knallen auf das Pflaster. Laut singen sie ein angesagtes Wehrmachtslied: »Es ist so schön, Soldat zu sein, Rosemarie.« Rasch stellen die Menschen sich an den Straßenrand und empfangen die Soldaten mit dem Hitlergruß. Bewunderung spiegelt sich in ihren Mienen wider. Als die Soldaten an der Kreuzung den linken Weg einschlagen, entdeckt Josef seinen besten Freund Hans im Getümmel auf dem gegenüberliegenden Bürgersteig. Beim Überqueren der Straße grinst der dürre Hans breit. »Es ist so schön, Soldat zu sein«, schmettert er, wobei er Josef den Zettel mit seiner Einberufung zeigt.

»Du auch?« Begeistert umarmt Josef seinen besten Freund. Immer wieder klopft er ihm auf die Schulter. »Wir sind dabei. Endlich können wir unseren Beitrag für das dritte Reich leisten. Zusammen werden wir siegen. Zusammen werden wir den Krieg beenden.«

Als Hitler vor dem Reichstag die deutsche Kriegserklärung an die USA verkündet, befinden sich Josef und Hans längst in Raczki, um die militärischen Grundlagen zu erlernen.

Raczki ist ein Ort in Polen, der nahe an der russischen Grenze liegt. Eine Geisterstadt, die durch den Krieg größtenteils zerstört wurde. Mehrere alte Hallen wurden notdürftig zu einer Kaserne umfunktioniert. Die Kampfbereitschaft und der Tatendrang der beiden Freunde sind längst der Ernüchterung gewichen.

Wieder einmal wird die Kompanie am frühen Morgen mit dem schrillen Signal einer Trillerpfeife geweckt. Der gebrüllte Befehl dringt durch die aufgestoßene Tür der Baracke: »Kompanie! Aufstehen!«

Josef springt aus dem Etagenbett und rüttelt Hans wach, der unter ihm liegt. »Beeil dich.« Aber anstatt aufzustehen, grummelt Hans etwas Unverständliches und vergräbt seinen Kopf unter dem Kissen, sodass Josef ungeduldig drängelt: »Nun mach schon. Du bekommst wieder Ärger, wenn du der Letzte bist.«

Doch Hans blickt nur gequält zu ihm auf. »Ich will nicht mehr.«

Erschrocken stellt Josef fest, wie krank und ausgemergelt sein bester Freund aussieht. Er redet ihm gut zu, während er ihn aus dem Bett zieht und ihm beim Anziehen hilft.

Wie an jedem Morgen erwartet die angehenden Frontkämpfer auch heute der gleiche Ablauf. Nach dem Gang ins Waschhaus schlüpfen sie in die Uniformen, um dann im Gemeinschaftszelt Brot und Muckefuck entgegenzunehmen. Zum Befehl des Zugführers »Kompanie antreten und abwarten!« erscheint Hans gerade noch rechtzeitig. Als der Zugführer die Reihe entlang schreitet, um die Truppe zu inspizieren, bleibt er direkt vor Josef stehen. »Deine Knobelbecher sind beschmutzt«, knurrt er.

Ohne die Miene zu verziehen hält Josef seinem Blick stand. Er findet es vollkommen logisch, dass seine Stiefel dreckig sind, schließlich steht er im strömenden Regen inmitten einer Matschpfütze. Aber Josef ist klug genug, um zu schweigen, denn Widerspruch ist in

Raczki nicht erlaubt. »Austreten! Saubermachen!« Der Befehl donnert über den Vorplatz.

»Der Führer mag es nicht, wenn du die roten Biester mit verschmutzten Stiefeln abknallst«, flüstert Hans, der noch nie ein Gespür dafür hatte, wann es ratsam ist, den Mund zu halten.

Sofort nimmt ihn der Kompaniechef ins Visier: »Der Dürre reißt sein Maul auf. Habt ihr das gehört? Die Flasche will es besser wissen. Ein armseliger Zivilist. An der Front wird er sich in die Hosen scheißen.« Die Truppe steht stramm und schweigt. Alle kennen die nun folgende Schinderei, denn sie trifft fast immer Hans. »Soldat! Deckung!«, bellt der Zugführer. Gehorsam wirft Hans sich in den Matsch. »Nicht hier, da drüben!« Er deutet auf die befestigte Straße.

In den folgenden Minuten robbt Hans völlig verdreckt über den Asphalt. Beschimpfungen und Demütigungen begleiten seinen Weg, während kleine Steine sich in seine Haut pressen und unzählige Wunden hinterlassen. Als Hans das Strafexerzieren nach einer Ewigkeit beendet hat, marschiert die Truppe im Gleichschritt zum Ortsausgang, denn dort werden Panzersperren aufgebaut. Tiefe Gräben werden ausgehoben und Barrikaden errichtet.

»In zehn Tagen sind wir raus aus der Hölle. Dann kommen wir hier weg«, ermutigt Josef seinen Freund, der mühevoll den Spaten in die feuchte Erde sticht.

Hans reibt sich mit schmerzverzerrtem Gesicht über die nässenden Blasen an seinen Händen und brummt verbissen: »Ich will nicht mehr.«

»Warte, ich helfe dir. In dem Tempo schaffst du dein Pensum nie.« Josef schiebt sich näher an ihn heran, um ihn zu unterstützen. Doch gerade, als er den Spaten anhebt, erscheint der Kompaniechef am Rand der Grube:

»Dürrer, ist das alles, was du bisher gegraben hast? Jedes Mädchen hätte mehr geschafft. Soldat, antreten!«

Schnaufend klettert Hans aus der Grube und geht in Stellung. Seine Bewegungen wirken hölzern.

»Was bist du für ein Schwächling. Du wirst nie ein anständiger Mensch. Soldat, hinlegen! Soldat, Bewegung!«

Sorgenvoll beobachtet Josef das mühsame Kriechen seines Freundes durch die aufgeweichte Erde.

Der Kompaniechef läuft mit hochrotem Kopf neben ihm her: »Du bist ein Feigling, ein Hosenscheißer. Hopp, hopp, hopp. Schneller!«

Keuchend robbt Hans über die Erde.

»So Luschen wie dich kann der Führer in seiner Siegerarmee nicht brauchen.«

Als Hans erschöpft zusammen bricht, tritt der Zugführer ihm mit dem Stiefel brutal in die Rippen. »Bewegung, habe ich befohlen!«

Mit einer letzten Kraftanstrengung robbt Hans einen weiteren Meter, dann bleibt er nach Atem ringend liegen.

»Du Mädchen. Du Schwächling. Beweg dich!«

Mühsam hebt Hans den Kopf. Hass und Wut lodern in seinen Augen. Er zögert kurz, dann spuckt er dem Kompaniechef voller Abscheu vor den rechten Stiefel: »Leck mich.«

Josef erstarrt. Reglos hält er die mit Erde gefüllte Schaufel in seinen Händen. Schlagartig ist es in den Gräben leise geworden. Keiner der Soldaten rührt sich, keiner sagt etwas. Alle beobachten mit weit aufgerissenen Augen den Zugführer, der seine Waffe zieht und sie auf Hans Kopf richtet. Sein Gebrüll dröhnt in Josefs Ohren: »Was hast du gesagt, du Feigling?«

Hans schaut zu ihm auf. Ein Lächeln umspielt seine Mundwinkel. Laut und deutlich stößt er hervor: »Leck mich, du Scheißkerl.«

Die Welt scheint still zu stehen. Sekunden werden zu Minuten, Minuten zu Stunden. Die Soldaten in den Gräben halten die Luft an. Ein eiskalter Schauer läuft über Josefs Rücken. Zitternd richten sich seine Nackenhaare auf. Dann durchbricht ein Knall die Stille und Hans bricht im Dreck zusammen.

Der Kompaniechef wendet sich an die Truppe: »Will sich noch jemand dem Führer widersetzen?«

Alle graben. Schnell und leise. Nur nicht auffallen. Wie ein Besessener sticht Josef den Spaten in die Erde.

Er weint lautlos. Immer wieder huscht sein Blick zu Hans, der bewegungslos im Matsch liegt. Sein bester Freund ist tot.

Als im Radio die Meldung verbreitet wird, dass die Briten die gesamte Kölner Innenstadt zerbombt haben, wird Josef an die Heimatfront versetzt.

Nun dient er an einer der Flakbatterien, um die Stadt Münster vor Bombenangriffen zu schützen. Als Flugmelder ist es seine Aufgabe, die aktuelle Flugbahn der nahenden Bomber zu melden und eine Angriffsabsicht möglichst früh zu erkennen. Vier bis sechsmal am Tag ertönen die Sirenen zum Fliegeralarm. Die fünf Kanoniere schaffen permanent Munition heran und wechseln die heiß geschossenen Rohre der Flak aus. Wenn Josef meldet, dass der Flieger noch viertausend Meter entfernt ist, gibt der Geschützführer den Befehl, zu feuern. Adolf, der Richtschütze, brüllt dann gegen den Lärm an: »Ich knall dich ab. Ich kriege dich.« Und die Granaten verlassen krachend und heulend die Rohre. Beißender Qualm steigt auf. Die Ohren klingeln. Wird ein feindlicher Bomber getroffen, jubeln die Soldaten und klopfen Adolf auf die Schultern. Der Mann ist ein Kämpfer, den kriegt keiner klein. Meist erklärt Adolf den Kameraden nach den Angriffen mit einem verschmitzten Gesichtsausdruck: »Ich heiße wie mein Führer, ich beiße wie mein Führer, ich … hahaha … wie mein Führer.«

Und wenn die Truppe lacht, wackelt er fröhlich mit seinen abstehenden Ohren.

Die Routine im Lager ähnelt der von Raczki. Hektik, Schikane und Druck der Vorgesetzten bestimmen den Alltag. Hinzu kommt, dass die Soldaten wegen der häufigen Angriffe unter einer ungeheuren Anspannung stehen. Nur am Samstag sieht man viele fröhliche Gesichter in der Kaserne. Denn an diesem Tag wird nach dem Frühstück im Gemeinschaftszelt die Post verteilt.

Josef, der seit einem halben Jahr keine Nachricht von seiner Familie erhalten hatte, reißt erstaunt die Augen auf, als ihm eines Morgens ein Brief von Thea überreicht wird. Drei Monate lang war die Post unterwegs gewesen, bis sie den Weg zu ihm gefunden hat. Ungeduldig öffnet er den Umschlag. Tränen schießen ihm in die Augen, als er ein Foto in seinen zitternden Händen hält. Seine kleine Lisbeth grinst ihren Betrachter an.

Erwin schaut ihm über die Schulter: »Wer ist denn das?«

Erschrocken zuckt Josef zusammen. Reflexartig presst er das Bild an seine Brust und weicht zurück. Doch Erich stürzt sich auf ihn und entreißt ihm die Fotografie nach einem kurzen Gerangel. »Die guckt aber komisch«, brüllt er und reicht das Foto an Franz weiter, der lauthals verkündet: »Wie sieht die denn aus? Wieso ist die nicht in Bedburg-Hau?«

Erwin hält sich prustend den Bauch. »Komm wir zeigen der Kleinen mal, wie Zurückgebliebene im deutschen Reich behandelt werden.« Er zündet ein Streichholz an und hält es an die Ecke des Bildes.

Doch bevor es Feuer fangen kann, entwendet Adolf ihm die Fotografie. Lachend grölt er: »Ich habe eine bessere Idee. Ich wollte sowieso gerade zum Donnerbalken. Ich werde ihr Gesicht unter meinen Allerwertesten halten, dann weiß sie, wo sie hingehört.«

»Gib es mir! Du sollst mir das Foto geben!« Josefs Stimme geht im Gebrüll der Soldaten unter, die Adolf zujubeln, der winkend mit dem Bild verschwindet. Mühsam unterdrückt Josef das Schluchzen, denn er weiß, dass er vor den Kameraden keine Schwäche zeigen darf. Mit geballten Fäusten wendet er sich ab, damit die anderen seine Tränen nicht bemerken.

Mitten im Tumult ertönt die Sirene. Sofort treten die privaten Dinge in den Hintergrund und die Soldaten rennen im Laufschritt an ihre Posten. Als Josef am Abend mit tauben Ohren und völlig erschöpft die Decke auf der Pritsche zurückschlägt, schaut er überrascht auf das Foto von Lisbeth, das unter der Bettdecke zum Vorschein kommt. Seine Augen strahlen, denn außer ein paar umgeknickten Ecken ist das Bild unversehrt. Er würde sich gern bei Adolf bedanken, aber der spielt mit einigen Kameraden Karten und lenkt wie immer die Aufmerksamkeit der anderen auf sich. Er erzählt lustige Anekdoten, wackelt mit seinen abstehenden Ohren und preist den Führer. Da keiner der Soldaten Josef beachtet, versteckt er das Bild von Lisbeth sicher in seinem Spind.

Im Laufe des Jahres erreichen zunehmend schlechte Nachrichten die Kaserne, unter anderem, dass die sechste deutsche Armee vor Stalingrad kapituliert hatte und hunderttausend Soldaten in sowjetische Gefangenschaft marschierten. Zum Glück hat Josefs Truppe einen Mann wie Adolf in ihren Reihen. Unerschütterlich versprüht er seinen Optimismus. Er lockert die Stimmung im Lager mit seinen Witzen auf und bringt dem Führer bedingungsloses Vertrauen entgegen.

An einem Sonntag genießen Josef und Adolf gemeinsam ihren Ausgang. Entspannt schlendern sie durch Münster. Josef seufzt: »Weißt du schon, was du nach dem Krieg machen wirst? Wie soll dein Leben aussehen?«

Adolf kichert albern und wackelt mit den Ohren, sodass Josef sich ein breites Grinsen nicht verkneifen kann. »Wieso nach dem Krieg? Mein nächstes Ziel ist es, den Führer zu stürzen.«

Wie angewurzelt bleibt Josef stehen und starrt den Kameraden fassungslos an: »Bist du komplett übergeschnappt? Das meinst du doch nicht ernst.«

Unbeeindruckt von der Reaktion pfeift Adolf einer jungen Frau hinterher, die sich keck umdreht und ihm einen Kussmund präsentiert. »Natürlich meine ich das nicht ernst.« Zögernd malt er mit der Stiefelspitze Kreise auf den Gehweg. Schließlich hebt er den Blick und betrachtet Josef prüfend. Dann erklärt er entschlossen: »Mir fehlen die Möglichkeiten, den Führer zu stürzen, aber zumindest will ich einen kleinen Beitrag dazu leisten, dass es irgendwann geschieht. Komm mit, ich zeige dir etwas.«

Josef folgt Adolf durch mehrere Gassen, bis der Kamerad die knarrende Holztür eines Hauses mit abblätternder Fassade aufstößt. Durch einen matt erleuchteten Flur führt Adolf ihn in einen von Unkraut überwucherten Hinterhof. Zielstrebig tritt er an eine baufällige Mauer und löst einen der lockeren Steine. Aus der entstandenen Vertiefung holt er einen Zettel hervor, den er rasch an Josef weiter gibt. Dieser reißt entsetzt die Augen auf, als er ein Flugblatt der Royal Air Force in den Händen hält. Atemlos stößt er hervor: »Das dürfen wir uns nicht anschauen. Das ist verboten. Darauf steht die Todesstrafe.«

»Lies es«, antwortet Adolf ruhig.

Josef riskiert einen kurzen Blick auf die Überschrift. »200.000 Unbrauchbare«, leuchtet es ihm aus tiefschwarzen Buchstaben entgegen. Er sollte Adolf das gefährliche Blatt Papier schnellstens zurückgeben, aber irgendetwas hat seine Neugier geweckt und ehe er es verhindern kann, huschen seine Augen über die nachfolgenden Zeilen. Es wird darüber berichtet, dass im deutschen Reich Menschen verschwinden, die in

Fachkliniken untergebracht waren, und deren Angehörigen plötzlich eine Todesnachricht erhalten. Es gäbe besondere Einrichtungen, in denen diese Menschen mit Giftgas getötet würden.

Josef zerknüllt das Papier und schleudert es zu Boden. »Das ist Propaganda vom Feind.« Da Adolf schweigend mit den Schultern zuckt, fährt Josef nachdrücklich fort: »Das ist alles gelogen. Die Flugblätter haben nur den Zweck, das deutsche Volk zu verunsichern. Du weißt, dass wir das nicht lesen dürfen?«

Adolf bleibt ihm die Antwort schuldig, daher fragt er: »Glaubst du die Lügen etwa?«

Einige Minuten lang starrt Adolf unbeweglich auf den mit Unkraut überwucherten Steinboden. Schließlich flüstert er: »Ich habe sie gesehen.«

»Wen hast du gesehen?«

Adolf räuspert sich mehrmals, bevor er spricht: »Die grauen Busse.«

»Welche grauen Busse? Was redest du da? Ich verstehe gar nichts.«

Adolf hebt den Blick und schaut Josef eindringlich an. »Sie werden abtransportiert. Menschen, die dem Führer nicht dienen können, da sie nicht so sind wie wir. In den grauen Bussen fahren sie ahnungslos ihrem Tod entgegen. Gerade du solltest darüber informiert sein.«

Josef hält erschrocken den Atem an, als ihm dämmert, was der Kamerad ihm mitteilen will. Stockend stößt er hervor: »Du meinst es reicht nicht aus, Lisbeth zu verstecken? Glaubst du, meine Tochter schwebt in Gefahr?«

Adolf nickt traurig.

»Was soll ich tun?« Josefs Stimme ist schrill. Panisch huscht sein Blick durch den Hinterhof. »Ich muss zu meinem Kind! Ich muss Lisbeth beschützen.«

Adolf legt ihm die Hand auf den Arm. »Im Moment kannst du nichts machen.« An den Fingern zählt er auf: »Wenn du dich von der Gruppe entfernst, bist du ein Deserteur. Darauf steht die Todesstrafe. Sie werden dich jagen und töten. So kannst du Lisbeth nicht helfen. Außerdem wird der Aufenthaltsort der Todgeweihten verschleiert, du würdest dein Kind nicht finden. Solange der Krieg fortschreitet, solange werden diese Menschen ungehindert und ungestraft ermordet. Nur wenn der Krieg schnell vorbei ist, hat deine Tochter eine Chance zu überleben.«

»Was soll ich nur tun? Wie kann ich Lisbeth helfen?« Josef rauft sich verzweifelt die Haare.

Leise gesteht Adolf: »Ich sammle alle Flugblätter des Feindes ein, bevor sie von der Hitlerjugend entdeckt werden. Dann lege ich sie an Plätzen aus, an denen sie gefunden und gelesen werden. Vielleicht kann ich so einige Leute wachrütteln.« Da Josef ihn nur verständnislos ansieht, lacht Adolf bitter: »Ich weiß, dass es nur ein sehr kleiner Beitrag ist, aber ich will, dass dieser wahnsinnige Krieg beendet wird und zwar bald. Und dafür kämpfe ich.«

Als sie sich schweigend auf den Weg machen, denkt Josef darüber nach, wie er seiner Tochter am besten helfen könnte. Aber so sehr er sich auch das Gehirn zermartert, ihm fällt keine sichere Lösung ein. Zurück im Lager mischt Adolf sich fröhlich lachend unter die Kameraden. Er macht Witze und preist den Führer in höchsten Tönen.

Drei Wochen nach dem Gespräch mit Adolf wird Josef zum Geschützführer befördert und nach Hetlingen, einer Stadt in der Nähe von Hamburg, versetzt. In dieser Zeit beginnen die Westalliierten mit kombinierten Luftangriffen gegenüber Deutschland, tagsüber fliegen die Amerikaner, nachts bombardieren die Briten deutsche Städte.

Aufgeregt lässt Josef die üblichen Kontrollen vor Beginn des Ausgangs über sich ergehen. Nach fast drei Jahren wird er heute Thea wiedersehen. Er hat sie vermisst. Sie und erst recht seine Lisbeth. Neun Jahre alt ist Lisbeth jetzt. Sie wird zu einer hübschen kleinen Dame herangewachsen sein. Als er die Kaserne verlässt, entdeckt er seine am Zaun wartende Frau. Stirnrunzelnd bemerkt er das helle Kleid mit den Rüschen. Es ist ihm fremd. Außerdem trägt sie einen Hut, wie die feinen Damen ihn tragen. Beim Näherkommen erkennt er, dass ihre Lippen rot angemalt und ihre Augen schwarz umrandet sind. Bevor er seinen Unmut äußern kann, hakt sie sich bei ihm unter und fängt an zu plappern. Ungeduldig unterbricht er sie: »Wie geht es Lisbeth? Ist sie sicher versteckt?«

»Gut geht es ihr. Wirklich gut.«

»Fragt sie nach mir?« Josef führt seine Frau zur Elbe. Viele Spaziergänger flanieren auf der Uferpromenade.

»Jeden Tag fragt sie, wie es dir geht und wann du wieder bei uns bist.« Thea bleibt mitten auf der Promenade stehen, sodass die nachfolgenden Spaziergänger ihr ausweichen müssen. Unbeeindruckt holt sie einen kleinen Spiegel aus der Handtasche und zieht ihre Lippen nach.

Missbilligend schaut Josef ihr zu. »Ist Lisbeth sicher versteckt?«

»Natürlich. Mach dir keine Sorgen. Mama passt auf sie auf.«

Josef bittet seine Frau zu warten. Dann marschiert er über die Wiese bis ans Wasser. Dort kniet er nieder, befeuchtet sein Taschentuch, kehrt zurück und reicht es ihr. »Wisch das ab, du siehst aus wie ein Clown.«

Thea zögert, aber schließlich nimmt sie das feuchte Tuch und reinigt damit ihr Gesicht.

Josef betrachtet sie und grunzt zufrieden: »Jetzt siehst du wieder aus wie meine Frau.« Er nimmt ihre Hand und führt sie an eine der Bänke, die entlang des Ufers aufgestellt sind. Dort legt er den Arm um sie und drückt sie fest an sich. »Wie kommt ihr klar? Habt ihr genug zu essen? Könnt ihr die Wohnung heizen?«

Sie seufzt tief. »Ach, es muss halt gehen. Ich arbeite jetzt abends. Der Führer erwartet auch von uns Daheimgebliebenen eine aktive Beteiligung am Sieg.«

Mit erhobener Stimme fragt er: »Lässt du Lisbeth etwa allein?«

»Nein, wo denkst du hin? Natürlich nicht. Ich sagte doch schon, dass Mama auf sie aufpasst. Sie wohnt jetzt bei uns. Ihr Haus wurde komplett zerstört.«

Betroffen ergreift er ihre Hand und streichelt sie. »Das tut mir leid für deine Mutter. Wo arbeitest du denn?«

Thea nestelt am Verschluss ihrer Handtasche. »Weißt du es noch? Am Bahnhof, da gab es doch dieses Hotel. Das ist jetzt eine Offiziersunterkunft. Dort arbeite ich als Zimmermädchen.«

»Abends?« Josef runzelt argwöhnisch die Stirn.

»Nun ja, die Offiziere haben halt rund um die Uhr Wünsche, die wir zu erfüllen haben.«

Josef würde gern wissen, welche Wünsche die Offiziere mitten in der Nacht äußern, aber seine Frau starrt mit verschlossenem Gesichtsausdruck auf den Fluss, so als wäre für sie die Unterhaltung beendet. Daher beschließt er, das Thema zu wechseln. »Hans ist tot.«

Thea haucht ihm einen Kuss auf die Wange. Tröstend erklärt sie: »Verluste sind nicht zu vermeiden, wenn wir den uns aufgezwungenen Krieg siegreich beenden wollen.«

Irritiert rückt er von ihr ab. »Hast du mich nicht verstanden? Hans ist tot. Was soll das Führergequatsche. Mein Freund wurde erschossen, und zwar von den Leuten, die dem Führer dienen!«

»Ich habe dich sehr genau verstanden. Aber wir müssen alle Opfer bringen. Es zählt einzig und allein das Vaterland, nicht ein einzelnes unbedeutendes Schicksal.« Thea springt auf und stemmt die Hände in die Hüften. »Weißt du, dass Mama elendig verhungert ist? Ich konnte sie nicht ernähren. Und? Hadere ich mit meinem Schicksal? Nein, ich kämpfe weiter für mein Vaterland.«

Ein Gedanke blitzt in seinem Kopf auf, aber bevor er ihn fassen kann, ist er schon wieder verschwunden. Zu ungeheuerlich sind die schlechten Nachrichten. Entsetzt schaut er Thea an. Ihre Mutter war eine tatkräftige Frau gewesen, die immer wusste, wie und wo man etwas organisieren konnte. Stets stand sie ihm und Thea mit Rat und Tat zur Seite. Auch für Lisbeth hatte sie immer ein offenes Ohr. Josef fährt sich mit beiden Händen durchs Haar. Traurig betrachtet er das Wasser der Elbe, das in sanften Wellenbewegungen ans Ufer plätschert und denkt über Theas Aussagen nach. Auf einmal formt sich der Gedanke, den er eben nicht fassen konnte, klar und deutlich in seinem Kopf. Er schnellt in die Höhe und baut sich dicht vor seiner Frau auf. Gefährlich ruhig fragt er: »Wo ist Lisbeth?«

Sie weicht seinem drohenden Blick aus.

»Du hast gesagt, sie ist in Sicherheit. Du hast gesagt, Lisbeth ist bei deiner Mutter. Aber deine Mutter ist tot.« Als Thea einen Schritt zurückweichen will, packt er sie an den Schultern und wiederholt: »Wo ist Lisbeth?«

Thea flüstert so leise, dass ihre Stimme beinahe vom Geschrei der Möwen übertönt wird. »Sie haben mir versichert, dass sie ihr helfen können. Sie haben gesagt, sie bringen Lisbeth in eine Kinderfachabteilung. Sie bekommt dort eine besondere Betreuung und wird mit modernster Medizin behandelt.«

Josef schüttelt ungläubig den Kopf. »Du hast sie ihnen aber nicht mitgegeben.«

Tränen laufen ihre Wangen hinab. »Zuerst wollte ich Lisbeth nicht hergeben. Aber glaube mir: Es ist besser so. Die Leute von der Straße haben mich mit Steinen beworfen und mich beschimpft. Wir bezahlen alle für deinen nutzlosen Esser, haben sie geschrien. Volksschädling haben sie unsere kleine Lisbeth genannt. Was hätte ich denn tun sollen? Du warst weg. Keiner hat mir geholfen. Wie hätte ich mich allein um sie kümmern können? Schließlich haben zwei Männer der Gestapo sie abgeholt. Sie brachten sie nach Berlin in eine städtische Nervenklinik für Kinder und Jugendliche.«

»So weit weg? Du kannst sie nicht einmal besuchen?«

»Nein, das ist auch nicht vorgesehen, da Lisbeth sich erst einmal in Ruhe in der Klinik einleben soll.«

»Wann wurde sie dorthin gebracht?«

»Vor etwa drei Monaten.« Thea schnäuzt in ein Taschentuch. Aus verweinten Augen schaut sie zu ihm auf. »Aber wenn wir Deutschland erst zum Sieg geführt haben, dann werden wir sie gemeinsam besuchen und über die Fortschritte staunen, die sie in der Zwischenzeit gemacht hat.«

Josef weicht zurück, als sie seine Hand ergreifen will. »Weißt du eigentlich, was du getan hast?«, zischt er. Er dreht sich um und stapft davon, ohne seiner auf der Bank heulenden Frau noch einen Blick zu gönnen. Sie bittet ihn nicht zu bleiben, und sie läuft ihm nicht nach. Mit gesenktem Kopf schlurft er zurück zur Kaserne. Vielleicht hat Adolf sich geirrt und die Berichte auf den Flugblättern sind gelogen? Schließlich wurden sie vom Feind verfasst. Aber Adolf hatte die grauen Busse gesehen. Sitzt seine Lisbeth bereits in einem dieser Busse und fährt ihrem Tod entgegen? Wie kann er nach Berlin gelangen, um sich zu vergewissern, dass es Lisbeth gut geht? Er darf die Truppe nicht verlassen. Und wenn er heimlich abhauen würde, dann würde er sein Vaterland verraten. Er ballt die Hände zu Fäusten. Ist dieses Land denn überhaupt noch sein Vaterland? Nur wenn der Krieg vorbei wäre, hätte Lisbeth eine

Chance. Dann könnte keiner mehr ungestraft morden, und seine Tochter wäre gerettet. Aber wann wird dieser Krieg endlich aufhören?

Im Lager angekommen erwartet ihn betriebsame Hektik. Alarmstufe zwei. Er rennt an den Spind, schlüpft in die graue Flakuniform, setzt den Stahlhelm auf und saust auf seinen Posten. Die Kinder, die nun als Flakhelfer eingesetzt werden, erwarten ihn schon. Er kontrolliert die Stellung der Acht-Acht, und stellt fest, dass alles vorschriftsmäßig vorbereitet wurde. Josef gibt den Kindern eine kurze Einweisung. Dabei zeigt er auf die schmächtigen Jungen, die höchstens sechzehn Jahre alt sind. »Ihr zwei schafft die Brandsprenggranaten heran, und du berechnest die Flugentfernung.« Er stockt und sieht den Jungen erstaunt an. »Ich kenne dich doch, du bist der kleine Fritz vom alten Krüger.«

Voller Abscheu spuckt der Junge vor sich auf den Boden: »Pah. Der Alte hat gedacht, er muss nicht mehr an die Front. Als er einberufen wurde, ist er abgehauen. Hat wohl gedacht, er kommt damit durch. Aber natürlich hat die Gestapo ihn geschnappt. Jetzt ist er tot. Geschieht ihm recht. So ein Verräter. Zum Glück bin ich noch da, um dem Führer zu dienen.«

Während Josef noch mit offenem Mund versucht, das soeben Gehörte zu verarbeiten, sucht Fritz bereits pflichtbewusst den Horizont ab und erwähnt beiläufig:

»Habe gesehen, wie die Gestapo eure Irre abgeholt hat. Die hat sich vielleicht gewehrt. Hat nach ihrem Papa geschrien und um sich getreten. Sie konnte erst mitgenommen werden, als der eine Mann sie niederschlug. Ganz schön kräftig, die Kleine. Na ja, ist für alle besser so.«

Josef umklammert die Griffe der Flak so fest, dass seine Fingerknöchel weiß hervortreten. Am liebsten würde er den Jungen erschlagen, aber bevor er den Wunsch in die Tat umsetzen kann, ruft Fritz schrill: »Bomber in sechstausend Meter Entfernung. Noch keine Angriffsabsicht zu erkennen.«

»Melden«, befiehlt Josef.

Fritz hantiert ungeduldig am Funkgerät und teilt mit: »Kein Empfang. Nur Störgeräusche.«

Verdrossen beißt Josef die Zähne zusammen. Es funktioniert gar nichts. Wo bleibt die von Hitler versprochene SS-Armee zur Verstärkung? Wann kommen die neuen, modernen Waffen, mit denen der Feind besiegt werden soll?

Die Stimme von Fritz unterbricht seine Gedanken. »Fünftausend Meter. Er steuert direkt auf uns zu. Angriffsabsicht.«

»Munition bereit«, befiehlt Josef.

Die Jungen geraten in Hektik. Sie schreien sich an und schieben sich gegenseitig die Schuld für Fehler zu, während sie die Granaten herbei schaffen. Josef schüttelt fassungslos den Kopf. Drei Kinder und er an einer alten Flak. Wie soll das funktionieren? In Münster hatten noch acht erwachsene Männer ein Geschütz bedient. Josef betrachtet einen Jungen, der ächzend eine Granate herbeischleppt. Der Kleine ist genauso dürr wie Hans es war. Ein trauriges Lächeln erscheint auf Josefs Gesicht, als er seinen besten Freund in Gedanken vor sich stehen sieht. Hans war so stolz auf seine Einberufung gewesen. Er wollte dem Führer dienen, war absolut loyal. Er liebte sein Vaterland und wollte einen Beitrag zum Sieg leisten, aber dann wurde er unschuldig exekutiert. Von seinen eigenen Landsleuten.

»Viertausend Meter.«

Einer der Jungen schiebt die Munition ein. Josef richtet die Flak aus. Er atmet stoßweise. Nur noch ein paar Sekunden, dann wird er feuern. Er wird den Bomber abknallen. Er wird so lange schießen, bis ein großer Feuerball am Himmel erscheint und dabei wird er sich vorstellen, Fritz säße in dem feindlichen Flieger. Hinter ihm in der Stadt ertönen die nervtötenden Sirenen. Fliegeralarm.

»Zweitausend Meter.«

Josef schaut durch das Visier der Flak. Die Sicht ist hervorragend. Er kann den Bomber gut erkennen. Hochkonzentriert verfolgt er die Flugbahn. Wenn er nicht bald schießt, werden viele Leute in der Stadt sterben. Seine Landsleute, die sich seit Wochen in Bunkern oder Häuserkellern verstecken. Hungrig, durstig und ängstlich. Sie würden durch seine Nachlässigkeit getötet werden. Unschuldige Männer, Frauen und Kinder. Er presst die Lippen fest aufeinander. Sind seine Landsleute in diesen Zeiten wirklich so schuldlos? Er denkt an die Menschen, die seine Lisbeth mit Steinen beworfen, verfolgt und als Irre beschimpft hatten. An die, die Thea bei der Gestapo angezeigt hatten, weil ihre Tochter angeblich ein nutzloser Esser sei, der nicht zur deutschen Rasse passt. Er denkt an die Menschen, denen es gleichgültig ist, dass der Führer ihm seine Tochter weggenommen hatte. Die sich nicht darum scheren, dass Lisbeth jetzt vielleicht schon in einem der grauen Busse sitzt. Josef stöhnt. Man hat ihm beigebracht, die Stellung bis zum Tod zu halten. Man hat ihn darauf gedrillt, seinen Beitrag in diesem Krieg zu leisten, den Führer stets loyal zu unterstützen und Deutschland zu verteidigen. Er weiß, dass er jetzt schießen müsste, aber seine Hände gehorchen ihm nicht. Sie wollen den Abzug nicht betätigen.

Fritz kreischt hysterisch: »Feuer! Der Feind ist nur noch tausend Meter entfernt. Bist du wahnsinnig, du bringst uns um. Knall den endlich ab!«

Die anderen Jungen werfen sich flach auf den Boden und schützen ihre Köpfe mit den Händen. Fritz versucht, Josef von der Flak zu verdrängen, doch dieser schlägt ihm mit der Faust ins Gesicht. Der Junge presst sich beide Hände auf die blutende Nase.

»Du bist ja genauso verrückt wie deine Tochter.« Er spukt Josef an, kramt mit einer Hand in der Hosentasche und wirft ihm ein Bild vor die Füße.

»Weißt du nicht, was mit Verräterschweinen passiert? Willst du etwa enden, wie der hier?«

Das Dröhnen der herannahenden Maschine wird unerträglich laut. Fritz hält sich die Ohren zu und geht ebenfalls in Deckung. Nur Josef sitzt bewegungslos an der Flak. Seine Augen fixieren die schwarz-weiße Fotographie. Am dicken Ast einer Eiche hängt ein Mann. Der Kopf ist zur Seite geneigt, denn sein Genick ist gebrochen. Zwei Soldaten in deutscher Uniform stehen rechts und links neben ihm und pinkeln ihn an. Mit einer Schnur wurde ein Pappschild am Hals des Toten befestigt. Darauf steht geschrieben: »So sterben alle Vaterlandsverräter.«

Josef kann seinen Blick nicht von den abstehenden Segelohren wenden. Trotz der unscharfen Aufnahme hat er den Mann sofort erkannt. Adolf, der auf seine Art gegen den Krieg gekämpft hatte, wurde auf grausame Weise hingerichtet. Auf dem Bild wird er angepinkelt von denen, die ihn vorher für seinen Mut, seinen Optimismus und seine Treue zum Führer bewundert hatten. Josefs Augen füllen sich mit Tränen. Was hat der Krieg aus ihnen allen gemacht? Die Kameraden verhalten sich wie eine Horde wilder, sich gegenseitig zerfleischender Hyänen. Selbst in den eigenen Reihen wird ohne Schuldgefühle gemordet.

Die Unmenschlichkeit ist der Preis für den vom Führer prophezeiten Sieg. Josef ballt die Hände zu Fäusten. Entschlossen befiehlt er: »Kein Feuer! Ich wiederhole: Feuerverbot.«

Nur Sekunden später fliegt der Bomber mit lautem Getöse über sie hinweg. Josef stößt den angehaltenen Atem aus. Es ist vorbei. Für ihn wird der Wahnsinn in kurzer Zeit beendet sein. Erstaunt bemerkt er die Erleichterung, die ihn durchflutet. Und er hofft, dass noch mehr Kameraden so handeln werden wie er, um das unnütze und ungestrafte Morden zu stoppen.

Als der Flieger die Stadt erreicht, beobachtet er die Bomben, die direkt über dem Rathaus, in dem Hunderte Zuflucht gesucht haben, abgeworfen werden. Knallend zerbersten die Fenster, Dachziegel fliegen durch die Luft. Eine Feuersäule steigt in den Himmel. Der beißende Rauch verwandelt den Tag in die Nacht und lässt die Augen tränen. Das Geschrei von fliehenden und verletzten Menschen dringt zu ihm herüber. Es riecht nach Schwefel, nach verbranntem Holz und verkohltem Fleisch. Die Luft ist voller Ziegelstaub. Selbst vor den Toren der Stadt fällt das Atmen schwer.

Über die Wiese rennt Fritz, um dem Vorgesetzten den verräterischen Vorfall zu melden. Zwei Waffen sind auf Josef gerichtet. Sie werden von den Jungen gehalten, die eben noch panisch gekreischt hatten. Josef bemerkt die nassen Flecken in ihrem Schritt. Die Kinder halten Abstand zu ihm. Obwohl sie ängstlich und misstrauisch wirken, erkennt er dennoch die kalte Entschlossenheit in ihren Augen. Sie werden ohne zu zögern den Abzug betätigen, falls er versuchen sollte, zu fliehen.

Josef lässt sich zu Boden sinken. Den Kopf vergräbt er in seinen Handflächen. Er hat den Alliierten eine Möglichkeit geboten, weiter in das deutsche Reich einzudringen. Und er hofft, dass er damit auch Lisbeth eine winzige Chance verschafft hat, dem drohenden Tod zu entgehen. Gleich werden sie kommen. Die Kameraden werden keine Kameraden mehr sein. Sie werden ihn als Vaterlandsverräter beschimpfen und verhöhnen. Er wird sie brüllen lassen. Die Beleidigungen und Demütigungen wird er widerspruchslos über sich ergehen lassen. Die Schläge wird er mit zusammengepresstem Kiefer ertragen. Er wird sich nicht wehren. Die Schmerzen, die sie ihm zufügen werden, wird er mit geballten Fäusten aushalten. Josef lächelt, denn er wird ganz fest an Lisbeth denken, wenn sich die Schlinge um seinen Hals zusammenzieht.

Alte Liebe rostet nicht

»Steht mir das Kleid?« Langsam drehe ich mich um meine eigene Achse, damit Susi mich von allen Seiten betrachten kann. »Sitzt es gut?« Ich streiche mit den Fingern über den feinen Stoff.

Meine Tochter pfeift anerkennend durch die Zähne. »Es ist phänomenal.«

Nervös fahre ich durch meine frisch gefärbten Haare. »Wie gefällt dir die Farbe? Findest du, dass meine Frisur gut sitzt?«

»Mama, du siehst hervorragend aus.« Susi reicht mir lächelnd ihren Arm, sodass ich mich unterhaken kann. »Wir müssen los, sonst kommst du zu spät zu deinem Date.«

Ich wähle die Handtasche für besondere Anlässe und lasse mich von meiner Tochter vors Haus auf die Einfahrt führen. Dort öffnet sie die Tür des Autos und hilft mir auf den Sitz. Während der Fahrt durch die Stadt rutsche ich unruhig hin und her, bis Susi mich fragt: »Warum bist du so nervös?«

»Er wird doch kommen, oder?«

»Warum sollte er denn nicht?«

Ich seufze. »Er ist so vergesslich in letzter Zeit.«

Fröhlich grinsend setzt meine Tochter den Blinker und biegt an der Kreuzung links ab. »Mama, an diesen Tag wird er sich immer erinnern.«

»Aber gestern war er sehr merkwürdig. Er hatte Schmerzen. Und heute morgen hat er in aller Frühe das Haus verlassen.«

Susi nimmt ihre Hand vom Schaltknüppel und legt sie stattdessen auf meinen Arm. Beruhigend erklärt sie: »Du weißt doch, dass er genauso aufgeregt ist wie du. Er wird bestimmt schon dort sein und ungeduldig auf dich warten.«

Als wir die Brücke erreichen, zeigt meine Tochter auf die steile Holztreppe. »Soll ich dich nicht doch hinauf begleiten?«

»Nein.« Mit erhobenen Händen wehre ich ihr Angebot ab. Das letzte Stück des Weges will ich ohne Begleitung zurücklegen, denn ich möchte mit ihm allein sein. Jede Sekunde dieses Treffens will ich genießen. Von nichts und niemandem will ich bei dieser besonderen Verabredung gestört werden.

Susi verdreht schmunzelnd die Augen. »Ich weiß, du willst alleine hinauf. Das ist schon in Ordnung. Auf jeden Fall wünsche ich euch einen wunderschönen Nachmittag. Du meldest dich, wenn ich dich abholen soll?« Bevor sie verschwindet, drückt sie mir einen liebevollen Kuss auf die Wange. Winkend schaue ich meiner Tochter hinterher bis ihr Wagen aus meinem Sichtfeld verschwindet.

Der Aufstieg ist beschwerlich. Fünfundzwanzig Stufen sind es. Ich weiß nicht, wie oft ich sie schon gezählt habe. Unterbrochen von einigen Verschnaufpausen, doch angetrieben von der freudigen Erwartung, bezwinge ich die steile Treppe und stehe schließlich schwer atmend auf der Holzkonstruktion, die über den Fluss führt. Schon auf den ersten Blick erkenne ich, dass sich außer mir niemand auf der Brücke befindet. Sofort überfallen mich Zweifel, obwohl ein Teil von mir weiß, dass sie unbegründet sind. Daher zwinge ich mich, ruhig ein und auszuatmen, um alle negativen Gedanken zu verscheuchen. Leise murmele ich die besänftigenden Worte: »Er wird kommen. Er wird sich lediglich um ein paar Minuten verspäten.«

Dabei schlendere ich zur Mitte der Brücke und staune wieder einmal über die Vorhängeschlösser, die dicht gedrängt an den Verstrebungen unter dem Geländer baumeln. Unzählige verliebte Paare haben sich auf dieser Brücke die ewige Treue geschworen. Stirnrunzelnd frage ich mich, wie viele Schlüssel wohl am Grund des Flusses verrosten und wie viele der Paare, die sich einst voller Hoffnung die ewige Liebe geschworen hatten, noch zusammen waren?

Meine Gedanken werden unterbrochen, als ich höre, dass jemand meinen Namen ruft. Mein Blick huscht zur Treppe. Mein Atem beschleunigt sich. Ich sehe ihn. Langsam kommt er auf mich zu. Seine zusammengepressten Lippen verraten mir, dass ihm die Hüfte heute Probleme bereitet. Doch seine Augen strahlen, so als wäre er nicht gerade achtzig geworden, sondern allerhöchstens dreißig Jahre jung. Er war ebenfalls beim Friseur gewesen, und er trägt ein neues Jackett. Mein Herz pocht stürmisch in meiner Brust. Erleichtert stoße ich aus: »Du hast es nicht vergessen?«

Er lacht: »Niemals werde ich den wichtigsten Tag im ganzen Jahr vergessen!« Dann nähert er sich, ohne mich aus den Augen zu lassen. Ich kichere wie früher und kann es kaum erwarten, dass sich seine immer noch starken Arme um meinen gebrechlichen Körper schließen.

»Du siehst wunderschön aus«, raunt er zärtlich in mein Ohr, während ich den Duft seines After Shaves tief einatme. Ein Schwarm verschlafener Schmetterlinge erwacht in meinem Bauch. Ich grinse den Mann an, den ich liebe und genieße das Flattern der Flügel.

»Ich hatte Angst, du kommst nicht«, gestehe ich ihm.

»Das hast du immer.« Er streicht mir sanft eine Haarsträhne hinters Ohr, »Thorsten hat mich hergebracht. Du weißt doch, er verspätet sich dauernd.«

»Thorsten? Muss er denn nicht arbeiten?«

»Er ist heute nicht ins Büro gefahren. Er hat sich frei genommen.« Der Mann, den ich liebe, stemmt die Hände in die Hüften. »Es ist doch unser wichtigster Tag.«

Ein warmes Gefühl durchflutet mich, so dankbar bin ich unseren Kindern, die an unserem Kennenlerntag alles dafür tun, damit wir uns auf unserer Brücke treffen können.

Mein Mann holt ein rotes Vorhängeschloss aus seiner Jackentasche und präsentiert es mir mit einem stolzen Gesichtsausdruck. In verwackelten Buchstaben, von zittriger Hand graviert, ist auf der Oberfläche zu lesen: »Berta und Erwin. In ewiger Liebe. 2018«

Ich blinzle die Tränen der Rührung weg und greife nach seiner warmen, rauen Hand. »Wo sollen wir es aufhängen?«

»Dort.« Ohne zu zögern führt er mich an die besagte Stelle. Ächzend kniet er sich auf die Bretter und schiebt einige Schlösser zur Seite, bis er eins in den Händen hält, das mit einer roten Schleife geschmückt wurde. Eine Rostschicht hat die Beschichtung zerstört, doch die Gravur ist noch schwach zu erkennen. In geraden, gleichmäßigen Buchstaben steht dort: »Berta und Erwin. In ewiger Liebe. 1966«

»Unser allererstes Schloss«, rufe ich erstaunt aus.

»Du wusstest noch, wo wir es aufgehängt hatten?«

»Jedes einzelne habe ich gefunden.« Er macht eine ausholende Geste mit der Hand.

Und erst jetzt bemerke ich die roten Schleifen, die zwischen den teils verrosteten, teils neu angebrachten Schlössern hervorlugen. »Du warst gestern gar nicht beim Arzt? Du warst hier?«

Er lächelt schelmisch und nickt zustimmend. Dann drückt er mir einen der beiden Schlüssel in die Hand. Gemeinsam hängen wir unser zweiundfünfzigstes Schloss neben unser allererstes. Eng aneinander geschmiegt, werfen wir die Schlüssel in den Fluss und beobachten, wie sie im Wasser versinken. Wir genießen jede Sekunde, denn wir können uns niemals sicher sein, ob wir uns im nächsten Jahr an unserem Kennenlerntag wieder auf unserer Brücke treffen werden.

Danksagung

Zuallererst möchte ich mich bei dir, liebe Leserin oder lieber Leser für den Kauf dieses Buches bedanken, denn ohne dein Interesse könnte ich das Schreiben an den Nagel hängen.

Außerdem danke ich meinem Mann Thomas, der mir oft den Rücken frei hielt, damit ich mich meinem Buchprojekt widmen konnte.

Mit gewissenhafter Kritik unterstützten mich Iris und Swenja. Euch beiden danke ich für das wiederholte Testlesen, ebenso wie für euren unermüdlichen Zuspruch, wenn mich mal wieder die Zweifel plagten.

Für die aufwendige Covergestaltung hat sich Marius selbst nachts ins Zeug gelegt, und ohne die geduldigen Erklärungen von Niklas bei diversen Computerproblemen gäbe es dieses Buch wohl nicht.

Stets ein offenes Ohr und Zeit hatten Eva, Beate, Martin und Schnuffel für mich.

Und zum Schluss möchte ich ein altes Versprechen einlösen und jemanden erwähnen, der sich wahrscheinlich gar nicht mehr daran erinnert. Danke, für die wunderschöne Website, Götz.

Ihr alle seid
die Menschen,
die mir Zeit schenken,
selbst wenn sie in Eile sind.

Veröffentlichungen

Endstation
Veröffentlicht in der Anthologie »Texte der Kempener Schreibwerkstatt«, 2010
ISBN 978-3-86740-297-2

Das letzte Geschenk von Tim
www.neobooks.com, 2013

Verdammt zum Schweigen
Zweiter Platz beim Literaturwettbewerb der Stadt Kempen, 2013.
Veröffentlicht in der Anthologie »Tausendschöne Lebensbäume«
Hrsg. Hans-Jürgen van der Gieth, Hanna Herkenrath
1.Auflage – Kempen: BVK Buch Verlag Kempen GmbH, 2013
ISBN 978-3-86740-503-4

Lauf Melly
Erster Platz beim Literaturwettbewerb der Stadt Kempen, 2015
Veröffentlicht in der Anthologie »Lass uns Kristalle pflücken«
Hrsg. Hans-Jürgen van der Gieth, Hanna Herkenrath
1.Auflage – Kempen: BVK Buch Verlag Kempen GmbH, 2015
ISBN 978-3-86740-662-8

Die weiße Taube
Zweiter Platz beim Literaturwettbewerb der Stadt Kempen, 2017
Veröffentlicht in der Anthologie »In einer endlosen Schleife aus Zeit«
Hrsg. Hans-Jürgen van der Gieth
1.Auflage – Kempen: BVK Buch Verlag Kempen GmbH, 2017
ISBN 978-3-86740-840-0

Über die Autorin

Am 8.November 1966 erblickte ich das Licht der Welt. Ich denke, es war ein sommerlicher Herbsttag damals. Wahrscheinlich flanierten die Menschen im Park, um die letzten Sonnenstrahlen vor dem langen Winter zu genießen. Die Herren lüfteten ihre Hüte, die Damen trugen bunte Kopftücher, man grüßte die Nachbarn und tauschte die Neuigkeiten der vergangenen Woche aus.

In meinen ersten Lebensjahren war ich ziemlich beschäftigt. Ich lernte sitzen, krabbeln, sprechen, laufen und schließlich auch das Lesen.

Und auf einmal entdeckte ich fantastische Welten und erlebte unbeschreibliche Abenteuer.

Dank Astrid Lindgren schipperte ich mit »Pippi Langstrumpf« über die Meere, begleitet von einem Haufen Piraten und einem unermesslichen Goldschatz im Rumpf des Schiffes.

Spannende Abenteuer erlebte ich mit Enid Blyton. Mit Dina, Lucy, Philip, Jack und dem Papagei Kiki ging ich auf Verbrecherjagd.

Jedes Geheimnis lüftete ich mit den »5 Freunden« und wünschte mir natürlich einen Hund, den ich mit 12 Jahren auch bekam.

Die Bücher sind längst verschwunden, aber ein Vierbeiner begleitet mich auch heute noch in meinem Leben.

Während meiner Schullaufbahn verlernte ich das Lesen. Jeder Text, jedes Buch, jedes Gedicht wurde im Unterricht in die kleinsten Bestandteile zerpflückt, bis nur ein Haufen zerfledderter Buchstaben zurückblieb. Für mich blieb der Genuss auf der Strecke.

Nach der Abiturfeier drängte sich mir die Frage auf: Was nun? Spontan beschloss ich, eine der unzähligen Weltverbesserinnen unseres Planeten zu werden. Ein Jurastudium musste her. Doch leider musste ich rasch feststellen, dass es sich hinter einem für mich unerreichbaren Numerus Clausus verschanzte.

Im Verlauf meines Studiums im Fachbereich Sozialwesen kehrte meine lang vermisste Lesefreude zurück. Mit Stephen King machte ich einen großen Bogen um jeden Bernhardiner. Ich beäugte Katzen misstrauisch, die besonders kuschelig aussahen. Im Winter verweigerte ich Hotelbesuche, und ich mied gluckernde Gullys und Zirkusclowns. Dank John Grisham schnupperte ich in die Welt der Anwaltskanzleien hinein und stellte fest, dass mir dieses Leben sowieso viel zu gefährlich gewesen wäre.

Mit dem Diplom zur Sozialarbeiterin in der Tasche lernte ich meinen späteren Mann kennen. Schnell waren wir uns darüber einig, dass wir die Welt um ein paar Babys bereichern wollten.

Als die Kinder heranwuchsen, lebte ich mit »Jim Knopf«, »der unendlichen Geschichte« und »Momo« von Michael Ende. Mit »Harry Potter« von JK Rowling reisten wir nach Hogwarts und zitterten uns durch die Abenteuer von Harry, Ron und Hermine. »Bartholomäus« von Jonathan Stroud und »Tintenherz« von Cornelia Funke begleiteten uns ebenso in den Jahren.

Gerade mal 42 Jahre nach meiner Geburt begann ich im November selbst zu schreiben. Ich denke, es war ein schöner Tag. Wahrscheinlich hetzten die Menschen durch den Park, starrten auf ihre Smartphones und kommunizierten in sozialen Netzwerken miteinander

Ich schrieb Geschichten für meine Kinder, um ihnen die Adventszeit zu versüßen. Das Vorlesen ging weit über den Dezember hinaus, so saßen wir auch im August schwitzend beisammen und sie lauschten mit großen Augen von ihren Abenteuern im Schnee.

Die Kinder wurden selbstständig, die Hausarbeit war eintönig, aber ich tauchte lachend ein in die Scheibenwelt von Terry Pratchett. Ich hüpfte durch die unsichtbare Universität, besuchte Oma Wetterwachs in ihrer Hütte und tanzte mit Nanny Ogg auf den Tischen.

Und ich schrieb. Ich wollte schreiben, ich musste schreiben. Seit einigen Jahren brodelte eine Geschichte in mir, die keine Sekunde länger warten konnte. Sie basiert auf einem Satz meiner Oma, den sie sprach, als sie ein Zimmer im Altenheim bezog. »Das war´s dann. Endstation!« Ein Satz, der mich damals sehr traurig machte und auch heute noch bewegt. Ein Satz, der immer bedrohlicher wird, je älter ich werde.

Eine Reihe von Kurzgeschichten folgten und im Sommer 2010 suchte ich Gleichgesinnte und wurde in der folgenden Zeit Mitglied von verschiedenen Schreibgruppen.

Ich nahm an diversen Literaturwettbewerben teil und bin sehr stolz, dass sich die Texte »*Lauf Melly*«, *Verdammt zum Schweigen* und *die weiße Taube* platzieren konnten.

Ich hoffe, dass Euch meine Geschichten gefallen und freue mich über Fragen, Anregungen, Kritik oder einfach eine Nachricht von euch.

Kontakt:

www.facebook.com/kochdoro

oder auf:
www.dorokoch.de

oder per E-Mail unter:
doro@dorokoch.de